德商：

用爱点亮一盏灯

丛书主编：方　圆
本册主编：段立珠
参编人员：郭　翔　牛　袁　钱　红
胡伟红　常　虹　段东涛
江　鹏　古　丹　夏　天
黄　盛　陈卫平　宗以晴
张学兰

重庆出版集团　重庆出版社

图书在版编目（CIP）数据

德商：用爱点亮一盏灯 / 段立珠主编．—重庆：重庆出版社，2013.6
ISBN 978-7-229-06686-4

Ⅰ．①德… Ⅱ．①段… Ⅲ．①品德教育－中国－青年读物②品德教育－中国－少年读物 Ⅳ．① D432.62

中国版本图书馆 CIP 数据核字 (2013) 第 137292 号

德商：用爱点亮一盏灯
DESHANG: YONGAI DIANLIANG YIZHANDENG

丛书主编：方 圆
本册主编：段立珠

出 版 人：罗小卫
责任编辑：崔曼莉
美术编辑：崔 琦
版式设计：张 梅

重庆出版集团
重庆出版社 出版

重庆市长江二路 205 号 邮政编码：400016 http://www.cqph.com
重庆华林天美印务有限公司印刷
重庆市天下图书有限责任公司发行
重庆市渝北区财富大道 19 号财富中心财富三号 B 栋 8 楼 邮政编码：401121
淘宝官方购物网址：http://ktnwts.tmall.com
全国新华书店经销

开本：787mm × 1 092mm 1/16 印张：8 字数：150 千
版次：2013 年 12 月第 1 版 印次：2013 年 12 月第 1 次印刷
书号：ISBN 978-7-229-06686-4
定价：18.00 元

如有印装质量问题，请向重庆市天下图书有限责任公司调换：023-63659865

温馨提示：本出版物部分图片、文字为读者推荐，因故未能联系上原作者的，希望原作者及时与编辑联系，以便补寄样书和稿酬。

前言

德商：获得成功的必备装置

德商是指一个人的德性水平或道德人格品质。德商的内容包括正直、尊重、诚实、负责、礼貌、幽默等各种美德。我们常说的“德智体”中是把德放在首位的。科尔斯说，品格胜于知识。可见，德是最重要的。

德商 (Moral Intelligence Quotient，缩写成 MQ)，它是美国学者道格・莱尼克和弗雷德・基尔在他们 2005 年出版的《德商：提高业绩，加强领导》一书中提出的。他们把“德商”定义为“一种精神、智力上的能力，它决定我们如何将人类普遍适用的一些原则（正直、责任感、同情心和宽恕）运用到我们个人的价值观、目标和行动中去”。

德商在某种程度上犹如人生的“道德定位系统”（Moral Positioning System，MPS）。全球定位系统可以帮助人们在陌生城市、复杂地貌和不利天气下确定自己的地理位置，并且找到前进的方向。相类似地，德商也能够以“道德罗盘”帮助人们确定行为和目标的方向，使人们在茫茫商海可以更好地驾驭自己的资源、情商、智商和技术去获取成功。德商并不是一个“可有可无”的配件，而是获得成功的必备装置。

提高德商的方法，我们可以从以下五个方面入手：

第一，正直、正义。正义是一个人内在的强烈需求，它能帮助我们妥善地处理人际关系中的纠葛，明辨是非。具有正义感能使我们抵制诱惑，增强我们抵御邪恶的力量。

第二，责任。我们每个人都要有强烈的责任感。对自己负责，责任是严格的教官；对他人负责，责任是生命财产安全的保证，对国家负责，责任是社会进步的条件。责任，是我们不可丢弃的使命。

第三，关爱、尊重、宽容。关爱他人，一种美好的品德。尊重他人，是所有美德的基础，它使得我们在生活中了解到别人的感受、为别人着想，宽容他人，能使人类在面对与自己不同种族，不同性别，不同信仰，不同文化，不同宗教，不同能力的同类时，能够去伪存真，发现共同点，保留差异性。

第四，感恩。感恩是一种良好的心态，它能使我们乐于面对人生每个阶段面临的各种境遇，感恩也是一种素养，它能让我们在与人交往的过程中更多地影响身边的人，只有真正常怀感恩之心的人，才能体会到生活的美好。

第五，自律、节制。自律和节制使得我们面对自己的欲望时，能够三思而后行，约束自己的冲动，从而使得我们有正确的行动。自律的人可以避免因为匆忙做出选择而导致危险的后果，形成独立思考和行动的能力。

本书就是从以上五个方面，用通俗、经典的故事来诠释德商的含义。

在现代社会，智商（IQ）、情商（EQ）、财商（FQ）、逆商（AQ）与德商（MQ），并称5Q，是当代青少年不可或缺的五大素质。为适应社会发展对青少年素质提出的要求，我们特地推出这套旨在全方位多角度培养青少年个人素质的《青少年成长必读丛书》。本册书为“青少年成长必读丛书”之一。

本套丛书共有5个分册，即《智商：换种眼光看世界》《情商：善良的种子会开花》《财商・小富翁的赚钱秘籍》《逆商：看谁坚持到最后》《德商：为爱点亮一盏灯》，分别从智商、情商、财商、逆商、德商5个方面，对孩子个人素质的养成进行全方位的引领与帮助。

本套丛书具有以下特点：

短小精悍——书中的每一个故事篇幅都不长，但都能引人深思，不但避免了长篇大论、枯燥乏味的说教，而且能够深深烙印在读者心中。

画龙点睛——对每一个故事都进行了深入浅出的解析，起到画龙点睛的作用，让孩子在阅读的同时潜移默化地提高个人修养。

趣味测试——每章最后都设有趣味测试，不但增强了趣味性，而且能够使孩子和家长进行有效的互动。

文化积累——故事不仅仅只有教育的作用，还能使孩子的阅读能力得到增强，从而形成自己丰富的文化积累。

在当今复杂多变的社会环境中，青少年素质养成显得尤为重要，但家长和孩子常常感到非常迷茫。《青少年成长必读丛书》的问世，不但告诉了家长一个科学分析孩子性格的方法，还能培养孩子从另一个角度认识自己。

我们相信，拥有这一套丛书，你终将抵达梦想的殿堂，拥有一个更加完美的人生。

目录 CONTENTS

第一章 正义是一种精神上的力量

第二章 扛在肩上的是责任

第三章 爱能浇灌最美的花朵

第四章

感谢每一缕阳光

第五章

自律修身成大事

DESHANG

第一章 正义是一种精神上的力量

屈原正道直行，自沉汨罗，一篇《离骚》震撼天地，万古流芳；司马迁刚正不阿，秉笔直书，一部《史记》彪炳史坛，成为绝唱；林则徐宁折不辱，虎门销烟，一炬烈焰照耀神州，惊破敌胆。古今多少仁人志士挺起正直的脊梁，撑起了华夏一片明净的蓝天。

媚俗的笔墨写不出传世的文章，伪饰的包装掩不住猥琐的心灵。秦桧夫妇长跪于岳王墓前，洪承畴遗臭万年，汪精卫断魂东洋——不守正直，欺世盗名，变节失贞，为虎作伥，必然遭到历史的唾弃！

坚守正直吧，朋友，无论月黑风高，浪急滩险。树正危樯，扬起风帆，在生活的大海上出发，前面必定是掌声与鲜花！

德商代表：**刘昆、宋弘**
关键词：**厚道**
德商指数：**89**

厚道

文/刘 羽

在这个物欲横流、肆意刻薄的年代，“厚道点”已然成了一句很励志的话。那什么是“厚道”呢？

公元一世纪初，汉光武帝血战经年，终于刈平群雄，天下一统。意气风发的刘秀此时正坐在他的御座上，等待着一位臣子的觐见。对于这次会面，阅人无数的皇帝竟然有些好奇，因为来人的经历委实有点匪夷所思。这个人叫刘昆，时任帝国弘农太守。此人官声甚好，关于这种“好”，坊间流传着两个传说：其一，刘昆早年在江陵做县令时，某一天，县内突然发生火灾，在那个灭火基本靠泼的年代，人们惊奇地发现，他们的县太爷发明了一种崭新的灭火方法——刘昆居然对着延烧过来的大火跪了下来，然后恭恭敬敬地磕起头来。而接下来令他们更加目瞪口呆的事情发生了，火居然渐渐地熄灭了。其二，刘昆升任弘农太守后不久，另一个奇迹发生了。弘农境内的老虎们不知什么原因，竟然背上自己的幼崽渡河而去。对于这种反自然现象，古人的解释洋溢着美好和善良，他们为此造了两个词——诚格天地、仁及禽兽。一言以蔽之，这是当官的施了仁政才会有的福报。但究竟是怎样的仁政呢？刘秀很想知道，于是他把刘昆升为光禄勋，让这个地方官进京。

甫一见面，光武帝就急不可待地问道：“你到底做了什么，让大火熄灭、让老虎渡河这样的奇迹发生？”这是一个吹牛皮或者拍马屁的绝佳机会，朝堂之上的所有人都屏住呼吸等待刘昆的回答，结果他们只等到了三个字，刘昆缓缓地回答：“偶然耳。”朝堂之上的人都笑了，只有一个人例外，刘秀没笑，他长叹了一声：“这真是长者之言啊。”

相比于刘昆，同时期的另一个厚道人显然更著名一点，因为他说了一句光耀千古而又情深意长的话。

在刘秀称帝后不久，他的姐姐湖阳公主刘黄的老公死了，那时的封建礼法远没有宋朝时那么严苛，所以刘秀开始张罗着给他的寡姐找对象。目标当然在群臣之中，为有的放矢，刘秀会时不时地和湖阳公主点评一下在朝诸公。在谈到一个人时，湖阳公主的评价让刘秀锁定了目标——宋弘，东汉重臣，大司空，刘秀十分尊重的幕僚。湖阳公主对宋弘的评语是：宋公的容貌、威望、德行和器宇，群臣莫及。“明白了，”刘秀说，“我想想办法。”

某日，自以为有了主意的刘秀安排刘黄在屏风后面，然后召见宋弘。见到宋弘后，刘秀问了一句话：“民间有俗话说‘贵了要换朋友，富了要换老婆’，你觉得这是人之常情吗？”这是一个圈套，更是一个诱惑。对此，宋弘略一思索便给出了自己的回答，一个高贵的回答——“贫贱之交不可忘，糟糠之妻不下堂”。

这种高贵立刻便映衬出光武帝那苦心孤诣的“小”来，有些惭愧的刘秀回头对端坐在屏风后的姐姐说了一句“好事不成了”。

看到了吧，厚道的人不会贪天之功以为己有，哪怕是顺手牵羊。

厚道的人也不会为了攀龙附凤而负心薄幸，哪怕是顺水推舟。

德商分析

厚道没有固定的含义，它只能是某种精神的体现；厚道也没有固定的形式，它更多的应该是对生命的一种实实在在的解释。刘昆和宋弘是厚道人，他们更是讲正义、正直之人。他们不会贪天之功以为己有，更不会为了攀龙附凤而负心薄幸。

德商借鉴

正直意味着高标准地要求自己，意味着具有道德感并遵从自己的良知，意味着有勇气坚持自己的言论。

德商代表：**陈独秀、赫尔岑、李钟岳、江小燕、赵匡胤、胡适**
关键词：**正义之士**
德商指数：**83**

历史深处的人性光辉

文/度正直

陈独秀

1919年6月11日，陈独秀白帽西服，亲自到北京街头散发《北京市民宣言》时，被捕入狱。消息迅速传遍全国，各界、各省函电交驰，要求释放陈独秀。在一份学界署名保释的69人名单中，有著名的教授，也有普通的中学教员；有新派人物，也有旧派人物。甚至对五四运动持反对态度的田桐，也发表函电，要求立即释放陈独秀。在各方的压力下，陈独秀恢复了自由。对此，胡适六年后还念念不忘，1925年12月，他在“北京群众烧毁晨报馆事件”发生后写给陈独秀的信中说：“我记得民国八年你被拘在警察厅的时候，署名营救你的人中有桐城派古文家马通伯与姚叔节。我记得那晚在桃李园请客的时候，我心中感觉一种高兴。我觉得这个黑暗社会里还有一线光明：在那反对白话文学最激烈的空气里，居然有几个古文老辈肯出名保你，这个社会还勉强够得上一个‘人的社会’，还有一点人味儿”。

赫尔岑

1825年12月，为了反对农奴制度和沙皇专制制度，俄国革命者发动武装起义，这些革命者被称为“十二月党人”。起义失败后，沙皇政府对十二月党人进行了残酷的迫害，绞死十二月党人的五位领袖。执行死刑后，当局在莫斯科克里姆林宫举行了一次盛大的祈祷式，以示庆祝。当时，俄国伟大作家赫尔岑只是一个十几岁的少年。30年后，赫尔岑写道：“我参加了祷告式，我当时只有14岁，隐没在人群中。就在那里，在那个被血淋淋的仪式玷污了的圣坛前面，我发誓要替那些被处死的人报仇，要跟这个皇位、跟这个圣坛、跟这些大炮战斗到底。”他郑重地向他的老师倾诉了他的感情和决心。这位老师平时总是训斥赫尔岑说：“你不会有出息的。”可当他了解到赫尔岑的精神世界后，禁不住说：“我的确以为你不会有出息，不过你那高尚的感情会挽救你。但愿这些感情在你身上成熟并且巩固下来。”

李钟岳

1907年7月15日，32岁的秋瑾在浙江绍兴古轩亭口被杀头。山阴县令李钟岳不肯刑讯逼供，只是让秋瑾自己写供词，于是留下了“秋风秋雨愁煞人”的绝命诗。在得到浙江巡抚同意“将秋瑾先行正法”

的复电后，绍兴知府贵福立即召见李钟岳，令他执行。李钟岳说："供、证两无，安能杀人？"秋瑾遇害后，李钟岳经常独自注视、默诵密藏的秋瑾遗墨"秋风秋雨愁煞人"，默默流泪，最终在 10 月 29 日自杀，离秋瑾被害还不到一百天。另有一人，是绍兴"府署刑席"，姓陈，"闻以办秋瑾案为不然，告病辞去"。秋瑾生前曾对好友徐自华说过："如果不幸牺牲，愿埋骨西泠。"秋瑾殉难 5 个半月后，徐自华冒着茫茫风雪渡过钱塘江，和秋瑾家人商议迁葬西湖的事。徐自华和秋瑾的哥哥秋誉章在西湖孤山下西泠桥边买了一块地。1908 年 1 月 25 日，秋瑾终于在西湖边下葬，墓碑上刻着 10 个大字："呜呼，鉴湖女侠秋瑾之墓。"字为朋友吴芝瑛手书。

江小燕

1966 年 9 月 3 日，在经历了抄家和批斗的凌辱后，著名翻译家傅雷在卧室自缢身亡。她叫江小燕，与傅家毫无瓜葛，只是从小就很喜欢读傅雷的译作，当时她正在跟钢琴老师学琴。钢琴老师的女儿是上海音乐学院的学生，带回一个令她难以置信的消息："傅雷夫妇双双自杀了。"然后又说，"傅家属于黑五类，又是自杀的，死了不准留骨灰！"这些消息，使她坐立不安，夜不能寐。一种正义之感、一种对傅家厄运的不平之情，驱使她勇敢地挺身而出，进行了一系列秘密行动——这一切，当时连她的父母都不知道！她出现在万国殡仪馆，自称是傅雷的"干女儿"，无论如何都要求保存傅雷夫妇的骨灰。她说得那么恳切，终于打动了工作人员的心。她把傅雷夫妇的骨灰盒放进一个大塑料袋，转送到永安公墓寄存。为了避免意外，寄存时骨灰盒上写了傅雷的号——傅怒安。

赵匡胤

据陆游《避暑漫抄》记载，公元 962 年，宋太祖赵匡胤称帝的第三年，秘密地叫人刻了一块石碑立在太庙寝殿的一个夹室中，用带金边的黄色幔帐盖住，门外上

锁，看守十分森严。并留下规定，以后皇帝每次来太庙祭祀先祖及新皇帝即位，都要到夹室去诵读碑上的誓词。石碑上只有三行字："柴氏子孙，有罪不得加刑，纵犯谋逆，止于狱内赐尽，不得市曹刑戮，亦不得连坐支属；不得杀士大夫及上书言事人；子孙有渝此誓者，天必殛之。"从历史记载上看，赵匡胤将后周变成大宋之后，对后周的皇室始终实行优待政策，没有随意摧残。对拥戴自己当皇帝的那些有功之臣，他做的是中国所有帝王中最厚道的，就是"杯酒释兵权"。在执政期间，宋太祖几乎一个功臣都没有杀过，还形成了一个祖宗家法，就是不许轻易诛杀大臣。

胡　适

1936年11月18日，鲁迅去世一个月，"新月派"女作家苏雪林写给胡适一封长信，称鲁迅为"刻毒残酷的刀笔吏，阴险无比、人格卑污又无比的小人"。12月14日，曾被鲁迅骂为"焦大"的胡适回信责备了苏雪林："我很同情于你的愤慨，但我以为不必攻击其私人行为。鲁迅狺狺攻击我们，其实何损于我们一丝一毫……凡论一人，总须持平……鲁迅自有他的长处。如他早年的文学作品，如他的小说史研究，皆是上等工作……"许广平等曾就《鲁迅全集》出版事宜写信给胡适，请他"鼎力设法"介绍给商务印书馆。胡适"慨予俯允"，并在细心询问了有无版权问题后，将他写给王云五的亲笔信交给许广平、马裕藻。正是有了胡适的引荐，王云五才爽快地"表示极愿尽力"。许广平致信胡适，感谢他"鼎力促成"，称其"功德无量"。

德商分析

中国共产党的创始人之一的陈独秀虽然后来有"右倾机会主义者"的不好名号，但他在正义的激发下，投身革命，倡导和组织新文化运动，当之无愧地成为五四运动时期"思想界的明星"。14岁的赫尔岑在正义的感召下，郑重"发誓要替那些被处死的人报仇"。鉴湖女侠遇害，山阴县令李钟岳感到正义被践踏而自杀。一种正义之感、一种对傅家厄运的不平之情，驱使江小燕勇敢地挺身而出，为屈死的傅雷夫妇保存骨灰。在正义的指引下，宋太祖几乎一个功臣都没有杀过，还形成了一个祖宗家法，就是不许轻易诛杀大臣。曾经被鲁迅痛骂的胡适，出于对正义的宣扬，促成《鲁迅全集》的出版。

德商借鉴

历史上这么多的正义之士，他们无处不在地绽放着人性光辉，有了他们，我们的文化才会如此灿烂！

德商代表：**华莱士**
关键词：**正直**
德商指数：**86**

粗鲁，但是正直

文/高竞佳

把里根问成结巴

在美国有一句流传已久的话："哪里有新闻，哪里就有华莱士。"在将近60年的新闻岁月中，华莱士出访过无数个国家，与多国领导人进行过智慧的交锋，他犀利睿智的提问，令见过很多世面的领导人也不得不提高警惕，生怕落入他设置的"圈套"。

在美国，华莱士这个名字代表了硬新闻、调查新闻，代表了不回避、不退让和咄咄逼人的提问。

华莱士采访时的一个重要特点，就是不让被采访者用外交辞令把问题躲过去。对于关键问题，华莱士会非常巧妙地"穷追猛打、毫不退让"。

例如，里根在竞选总统时经常回避他的种族主义倾向，华莱士早就盯上了这个问题，只是苦于没有机会。一次，里根谈话时无意中提到了他的竞选班子，华莱士立即抓住机会开始发问："里根先生，你的竞选班子里有多少黑人职员？"里根回答："我不能老实地告诉你。"

华莱士说："这句话本身就能说明问题。"里根着急地说："不对，因为我不能告诉你有多少职员，我们有……"

华莱士打断他的话："你应该说清楚是白人还是黑人！"里根说："哦，对，我的意思是我们有、我们有……"

华莱士接过话头说："我指的是竞选班子里的高级黑人职员。"里根支支吾吾："我们怎么来谈这件事……"

华莱士再次打断里根："很明显，你的竞选班子里没有黑人。"里根结结巴巴地说："不，我不这样认为，我的意思是不能……不能同意你说的。"

里根结结巴巴的回答和惶恐的神情，早已被收看华莱士节目的观众们尽收眼底。有不少媒体称原本是演员出身的政客、作秀高手的里根，但只要遇上华莱士这样穷追猛打、毫不退让的勇敢记者，再好的演员也要露出真实面目。

华莱士和《60分钟》

华莱士1918年出生于美国的一个俄裔犹太人家庭，后来以优异的成绩考入密歇根大学，开始与新闻结下不解之缘。

大学毕业后，他受聘于芝加哥一家电台，成了当地广播界的宠儿。当时刚满23

岁的他，以出众的口才一夜之间变成了“风城”最受欢迎的表演者。二战爆发后，爱国的华莱士毅然放弃了蒸蒸日上的事业，前往太平洋战区，当了两年半的海军军官。

1951年，华莱士迁居纽约，辗转于哥伦比亚广播公司和纽约第五频道之间，创办并主持了《迈克·华莱士追击》《60分钟》等震撼美国的新闻节目，以追求新闻的真实性、实践追踪式报道和揭露社会问题的深刻性而闻名，在世界传媒领域被誉为“新闻怪杰”。

华莱士一直努力工作到88岁才退休，他把所有的热忱都奉献给了新闻事业。他获得的世界级新闻大奖和各种荣誉不计其数：他曾获得过19项“艾美奖”、3项哥伦比亚大学“阿弗莱德·杜邦奖”、3项“乔治·佛斯特·皮博迪奖”和其他一些重要奖项。CBS甚至在1990年为他专门制作了一个小时的特别节目，回顾他40多年的新闻生涯。芝加哥广播通讯博物馆也因他对广播电视业的终身贡献而给予褒奖。

《60分钟》在美国电视界具有举足轻重的地位，它开创了“电视新闻杂志”这一全新的新闻体裁，主持人兼具记者的角色，深度解读重要的时事和社会新闻。这种体裁出现之后，迅速被世界各地的电视台模仿。“迈克·华莱士在此”正是这档节目的宣传语，他代表了新闻的公信力和至高无上的监督作用。凡是有秘密的人都害怕被华莱士采访，在他们眼中，华莱士是正直、权威的象征。

成功源于提问而非答案

然而，尽管华莱士被称为电视界的“教父”，但人无完人。他的不少朋友都说他“无惧、无耻，但极棒”。作为新闻奇人，他喜欢穷追猛打式的新闻采访方式，对新闻的执著到了“顽固”的境地。他主持节目以尖锐犀利的风格著称，这让他挖掘出不少珍贵的新闻事实，但也因此引发了不少声讨和质疑。

美国舆论界对他褒贬不一，喜欢他的人说他是正义的化身，反对派则送他一个“胆大妄为”的评语，讽刺他是一个少有的麻烦制造者。

报道称，在华莱士的职业生涯中，自肯尼迪总统开始到克林顿总统为止，他采访过中间历任美国总统。在他退休前，唯一没有采访过的美国总统是小布什，华莱士讽刺他为“林肯以外另一个永远坐在原处的总统”（林肯的雕像是坐着的）。

华莱士的噩梦始于 1981 年。那年，他制作了一期后来给他带来巨大麻烦的纪录片《没有算在内的敌人：越南的欺骗》。在该档节目中，华莱士以一贯的作风，逼问参加越战的美国将军韦斯特摩兰是否因为谎报军情，导致美军在越战的泥沼中越陷越深。节目播出后，韦斯特摩兰以诽谤罪将华莱士和哥伦比亚集团告上法庭。官司打了四个月，最后哥伦比亚集团道歉，韦斯特摩兰也放弃了 12 亿美元的赔偿要求。

那年秋天，华莱士几乎每天都必须列席法庭，坐在被告的位置上，听着自己和同事不断地被叫做“说谎者”“造假者”甚至“叛徒”，这对他来说是一种毁灭性的折磨。经过一段时间的调整，华莱士终于走出了阴影，继续举起话筒向自己追求的新闻事业进发。

2006 年 7 月接受《纽约时报》采访时，华莱士称，我们生活在一个“当你们忘记灯光、摄像机或其他一切的时候，你们就可以互相交谈”的时代。华莱士就创造了一个充满这种时刻的电视新闻网络。他的成功经常源于他提出的问题，而非他获得的答案。他曾断言尼克松总统的助手在水门事件中作伪证；在 1976 年报道医疗补助欺诈案时，他曾开办假诊所搜集证据。

华莱士对待新闻的真诚，使多数美国人向他投来钦佩的目光。他以自己一贯坚持的态度对新闻和观众负责，因此，他的人格魅力不仅使观众倾倒，就连美国总统也不敢小觑他。水门事件中，尼克松为了重振声威，特意邀请华莱士负责他的新闻发布会，但是特立独行、坚持自我的华莱士毅然拒绝了总统的邀请，这也体现了他一贯的态度和风格。

作为一个让很多领袖无法拒绝的记者，特立独行、备受争议的迈克·华莱士，用他的锐利与深邃、磨难与坎坷，演绎着无数的新闻传奇。

在节目片头里，他穿着风衣，围着长长的围巾，一步一步稳健坚实地走在纽约的大道上。不息的人流、奔驰的车辆和平地而起的朔风，一次次撩起他的围巾，但他依然走得稳健沉着，他走向了车站、机场、海关，走向了欧洲、亚洲……

（节选）

德商分析

华莱士对待新闻的真诚、正直，使多数美国人向他投来钦佩的目光。他以自己一贯坚持的态度对新闻和观众负责，他的人格魅力不仅使观众倾倒，就连美国总统也不敢小觑他。华莱士是正直、权威的象征。

德商借鉴

只要具有对工作认真负责、实事求是、不畏权贵的精神，你就会是正义的化身。

德商代表：**薇拉·查苏利奇、陪审团、特列波夫**
关键词：**正义**
德商指数：**88**

必须的力量

文/王开岭

1877年7月31日，被囚禁的进步大学生波古柳博夫因在彼得堡市长特列波夫面前没有行脱帽礼，竟遭到毒刑拷打。此事在俄罗斯民间引起轩然大波，女青年薇拉·查苏利奇愤慨至极，1878年1月，她只身从外省赶到彼得堡，向那个臭名昭著的家伙开了一枪。

薇拉当场被捕，后移交有陪审团参加的公开审判。她给人的印象是聪慧、和善，完全一副柔弱女性的模样，与其后身材高大、手执马刀的宪兵构成了鲜明对比。人们很难将之与“凶手”一词联系起来。

审判开始了。薇拉丝毫没有为自己开脱的意思，而是再次指控特列波夫惨无人道的暴行：“……迫使一个被折磨得奄奄一息的人再次接受鞭笞和酷刑，这是多么残忍……我觉得，绝不能也不应该让这件事无声无息地过去。我在等待着，可人们都保持缄默，特列波夫依旧有恃无恐地一次又一次滥施淫威。当我看不出有任何其他办法可改变这种状况时，便下定决心宁可牺牲自己，也要向世人证明：绝不能让这个残酷凌辱人类个性的人逍遥法外……举起手来向一个人开枪——这是可怕的，但我意识到，必须这样做！”

法庭辩论异常激烈，被告的辩护律师据理力争，慷慨陈词：“薇拉蓄谋杀人虽是事实，但她并非出于私心和个人复仇，而是为了保护另一个人的思想和名誉。在她的动机中有一种正直而崇高的热忱。这个柔弱的少女勇敢地举起了自己的手，去制止践踏、凌辱人类尊严的行为，她担负起了整个时代的职责……”律师的发言震撼了整个审判大厅。最终，陪审团宣告薇拉·查苏利奇无罪。

开始，大家几乎不敢相信这是真的。后来媒体、民众便明白了——那位律师，那些陪审员，他们也是“人”，也是“生命”，他们心中也藏着一个小小的“必须”，一记伟大的冲动：无论如何，我必须站在正义的一边，必须对得起这位美丽的姑娘，对得起良心，对得起她无私的英勇和付出；无论如何，要给她和她的亲人一个惊喜，给苦难深重的俄罗斯一个惊喜。

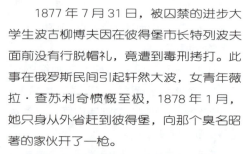

看到自己的同胞遭受如此残酷的凌虐，她感觉自己也受到了伤害、受到了侮辱，因为自己也是生命、也是人。疯狗咬的不仅仅是波古柳博夫，而是整个的俄罗

斯民间力量，是针对全体“人”的挑衅和侵害，是对俄罗斯青年之血性和尊严的蔑视与不敬。生命是有尊严的，生命的权利和梦想是有整体感和连锁性的，不能因为罪恶暂时没有落到你的身上便暗自庆幸，不能因为老鼠没有蹿上你家的炕头便高枕无忧——今天可以是他、是她，明天就可以是你、你们。罪恶蔑视的乃是每一个，而非某一个。她最大的珍贵在于：那件事终于有人做了！她只是站在“常识”的立场上尽了一个人对另一个人的义务，且以“人类”的名义去做。可是，在一个灵魂和精神被拧成麻花的时代，恢复常人的常识多么艰难啊，正像鲁迅所言：搬动一张课桌都要流血。

德商借鉴

虽然杀了人，虽然杀的是市长，但那位律师，那些陪审员并不认为她就该受到惩罚，因为，大家总是站在正义一边。

德商分析

薇拉·查苏利奇并非出于私心和个人复仇，而是为了保护另一个人的思想和名誉，向残暴的草菅人命的市长举起了正义的手枪，去制止践踏、凌辱人类尊严的行为，她担负起了整个时代的职责。她无私的英勇和付出让她成为了正义的化身。

德商代表：**左拉**
关键词：**正义感**
德商指数：**86**

谁错了

文/王开岭

100多年前的法兰西，正义的一天——1898年1月13日，著名作家左拉在《震旦报》上发表了致共和国总统的公开信，题为《我控诉》，将一宗为当局所忌讳的冤案公告天下，愤然以公民的名义指控“国家犯罪”，替一位素昧平生的小人物鸣不平……

此举震撼了法兰西，也惊动了整个欧洲。许多年后，史学家甚至视之为现代舆论和现代知识分子诞生的标志。

事件发生于法兰西第三共和国时期。1894年，35岁的陆军上尉、犹太人德雷福斯被诬向德国人出卖情报，被军事法庭判处终身监禁。一年后，与此案有关的间谍被擒，证明了德雷福斯的清白。然而，荒谬登场了。受自大心理和排犹意识的影响，军方无意纠错，理由是：国家尊严和军队荣誉高于一切，国家不能向一个“个人”低头。这个坚持得到了民族主义情绪的响应。结果，间谍获释，而德雷福斯为了“国家利益”继续当替罪羊。

面对如此不义，左拉怒不可遏，连续发表《告青年书》《告法国书》，披露军方的弥天大谎，痛斥司法机关滥用权力，称之为“最黑暗的国家犯罪”，称法兰西

的共和荣誉与人权精神正经历噩梦。尤其是《我控诉》一文，如重磅炸弹，令朝野震动，几乎所有的法国报刊都卷入了争论。左拉更被裹挟至旋涡中心：一面是有良知人士的声援；一面是军方、民族主义者的谩骂，甚至有暗杀恐吓。

左拉没有退缩，他坚持自己的立场：这绝非德雷福斯一己之遭遇，而是法兰西公民的安全受到了国家权力的伤害；拯救一个普通人的命运，就是拯救法兰西的未来，就是维护整个社会的道德荣誉和正义精神。

然而，令人悲愤的一幕又出现了：同年7月，军方以“诬陷罪”起诉左拉，结果，

左拉被判罪名成立，被迫流亡海外。

左拉远去了，但这个英勇的“叛国者”形象，却像一粒尖锐的沙子折磨着法国人的神经——这毕竟是有着反强权传统、签署过《人权宣言》的民族——终于，敏感的法兰西被沙子硌疼了，渐渐从“国家至上”的恍惚中醒来：是啊，不正是“个人正义”守护着“国家正义”吗？不正是“个体尊严”组成了“国家尊严”吗？国家让国人感到骄傲和安全的，不正是它对每个公民做出的承诺与保障吗？假如连这一点都做不到，国家还有什么权威与荣誉可言？

愈来愈多的民意开始倒戈，向曾反对的一方聚集。在舆论的压力下，1906 年 7 月，即左拉去世后第四年，法国最高法院重新宣判：德雷福斯无罪。

军方败诉。法院和政府承认了自己的过失。

在法兰西历史上，这是国家首次向一个“个人”低下了高傲的头颅。正像九泉之下的左拉预言的那样：“法兰西将因自己的荣誉被拯救而感激那个人——那个率先控诉母邦的人。”

德雷福斯案画上了公正的句号。可以说，这是世界人权史上的一次重要战役，在对“人”的理解和维护上，它树起了一座丰碑。

权力会出错，领袖会出错，政府会出错。躲闪抵赖本来就可耻，而将错就错、封杀质疑就更为人不齿，也丢尽了权力的颜面。有无忏悔和改错的勇气，最能检验一个团体、政府或民族的素养与气量。

要坚信：错了的人只有在说“我错了”时，才不会在精神和尊严上输得精光。今天，在美国前总统尼克松的私人图书馆里，最常听到的便是他的录音资料：“犯下错误并不可怕，可怕的是掩盖错误……”

德商分析

著名作家左拉为什么会在《震旦报》上发表题为《我控诉》的致共和国总统的公开信？是源于一个作家的社会责任感。左拉认为拯救一个普通人的命运，就是拯救法兰西的未来，就是维护整个社会的道德荣誉和正义精神，他是一个有良知并具有强烈正义感的作家。

德商借鉴

作家是从事文化工作的，对建构和谐社会有义不容辞的正义感。具有强烈的正义感的作家更能写出震撼人心的文章。

德商代表：**爸爸**
关键词：**坚持原则**
德商指数：**92**

为了我们共同的未来

文/杨　照

上学期，自然科考试有一道题目：“从烧热的壶嘴里冒出来的白烟，是水蒸气还是小水滴？”你依照课本上说的，判断水蒸气应该是无色的，遇冷成为水滴才会变白色，于是选了“小水滴”作答案。发下考卷，却发现老师的答案是“水蒸气”。几位同学拿着课本去跟老师讨论，老师都坚持就是“水蒸气”。

你回来问我，我觉得这再明白不过，就是“小水滴”，应该是老师想错了。我必须让你了解，就算是一个老师，尤其是一个主管你分数的老师，把“小水滴”弄成“水蒸气”，你都该保持正确的观念，别为了讨好老师而接受你明知道是错误的答案。

想了想，你问我：“那如果下次再考

这一题，我还是要回答‘小水滴’吗？”我说：“当然！”“可是那样又会被打叉，又会因为这一题而得不到满分。”你说。“可是知道对的答案，坚持对的答案，比分数重要。”我说。

想了想，你又问：“既然我已经知道正确答案了，可不可以写‘水蒸气’？我不会搞混。如果别人写‘水蒸气’，明明他们错却得到满分，我反而得不到，那不公平！”

眼前浮现你假设的状况，想象你心中应该会有的委屈，我差点冲动地说：“那也好，只要你知道那不是真正对的答案。”可是在话将出口的瞬间，我犹豫了，脑中闪过好几个其他影像与念头，过了好几秒，才说：“我还是觉得这样不好。我不希望你养成习惯，为了分数去选明明知道是错误的答案。”

那几秒中，我仿佛看到你长大了，大到懂得社会上许多复杂的事，也就大到可以跟我讨论我的所行所为，所做的决定。我仿佛看到那么一个场景，长大后的你站在我身边，我们不知在讨论什么样的事情，你严肃坚决地告诉我：“爸爸，我觉得不可以这样！”我问：“为什么？”你说：“因为你以前不是这样教我的！”

那天，我明白了一件事，我今天要教你、告诉你的任何原则，都应该从未来的角度仔细思考。我没有道理讲不想要你相信的原则，而一旦你接受了、相信了我所说的原则，那么未来等你长大了，你自然会用同样的原则来看待我、评断我所做的事。你会是我未来生命中最重要的监督者。

在将来，我希望当我有一丝一毫疑惑，不晓得自己该不该用明知不对的事，去换取或大或小的肯定或利益时，你会明确地告诉我：“不可以！”为了这样的未来，现在的我当然不能让步，同意你用明知不对的答案去换取分数。为了一个正直的未来，而且是我们共同的正直的未来，我必须告诉你，就算会因此失去得满分的机会，你还是应该坚持“小水滴”。

智商分析

“为了一个正直的未来，而且是我们共同的正直的未来，我必须告诉你，就算会因此失去得满分的机会，你还是应该坚持‘小水滴’。”就算明知道这样做，娃娃会少得分，但孩子的品质教育高于一切，爸爸最后坚持了对孩子成为正直之人的塑造。这位父亲值得我们效仿和致敬。

德商借鉴

正直是不畏强势，敢做敢为，能够坚持正途，勇于承认错误的高尚行为。

德商代表：**阿圆**
关键词：**正直、善良**
德商指数：**89**

这个女孩值得爱

文/吴念真

一

阿圆是金门金沙市场一家杂货店里打杂的小妹，长得不是很好看，加上老板以吝啬出名，所以跟其他杂货店比起来，他们的生意差很多。

阿圆17岁，中学毕业不久，老穿着一件还留着学号的深蓝色旧外套。她话不多，笑的时候老是掩着嘴。我们后来才发现她缺了两颗牙。“怎么不去补？”我们问。她说：“我爸去台湾做工了，说赚到钱会给我补。”

杂货店老板是她的亲戚，但使唤的语气一点儿也不亲。

那年是我们营部连第一次在外岛过年，除夕采买的钱是平常的三四倍。那天小包半开玩笑地跟老板说：“照顾你生意这么久，也没看你给我们一包烟！”没想到老板竟然冷冷地笑着说：“我以为你们营部连比较干净，我看，都一样嘛！”然后打开抽屉拿出一包烟以及两张百元钞票塞给小包，然后就往屋里走。

我知道小包憋了一肚子气，可没想到他竟然随手抓起一打酱油往推车上放，说：“这是给连上的红利！”

阿圆什么都没说。在她帮着我们把东西推到采买车的路上，小包把那两百元拿给她，她一直摇头，小包说：“拿着，这不是我给你的，这是你的那个亲戚给你的过年红包。”

谁知道我们东西都还没装上车，远处突然传来一阵急促的哨音，一回头，我们看到老板带着两个宪兵，正指着我们快步地走过来。

老板揪住我们，一把将酱油拎出来，跟宪兵说：“你看！他们偷的。”

停车场上所有人都盯着我们看，就在那种尴尬的死寂中，忽然听到阿圆说：“他们没有偷啦，是我……放错了。”

她低着头，指着酱油说：“我以为是他们买的……就搬上推车了。”

宪兵回头跟老板说：“你误会了吧？”

老板先是愣了一下，然后快步走向阿

圆，甩手就是一个耳光，说：“你想死啦！”

阿圆没动，捏着衣摆低着头，也没哭，一直到我们车子开走，远远地看去，她还是一样的姿势。

车子里，小包沉默着，很久之后才哽咽着说：“刚刚，我好想去抱她一下……”

二

我们驻地旁边的公路是金东通往金门名胜海印寺的唯一道路，只在春节的初一和初二对民众开放。

对阿兵哥来说，道路开放的最大意义是，这两天里金东地区的美女们一定会从这边经过，所以早上点名结束后，我们已经聚集在视野最好的碉堡中，把所有望远镜都架好，兴奋地等在那里。

那天天气出奇的好，阳光灿烂。随着各店家的那些美女陆续出现，碉堡里不时掀起骚动，忽然间，有人说：“钦仔、小包，你们的救命恩人出现了。”

我们分别抢过望远镜，然后看到了阿圆。她穿了白色的套头毛衣，下身则是一条深蓝色的裤子，头发好像也整理过，还箍着一个白色的发箍，整个人显得青春、靓丽。

她和身边一个应该是她父亲的黝黑的中年男人开心地讲话，另一边则是两个像是她弟弟的男孩。

小包放下望远镜，大声地喊她，可是她好像没听到，碉堡里忽然掀起另一阵忙乱，几分钟不到扩音器竟然就架设起来了。

小包朝公路那边喊：“阿圆，你今天好漂亮！真的好漂亮呢，阿圆！”整条公路的人都停下脚步，纷纷转头，好像在找谁是阿圆。

阿圆愣了一下，看看父亲，然后朝我们这边望着。小包有点儿激动，接着说：“营部连小包跟你说谢谢！跟阿圆爸爸说新年快乐，你女儿好棒，而且好漂亮！”

我接过扩音器说：“阿圆，你是我见过的最勇敢的美女……我们营部连所有的人都爱你！”

（有删改）

德商分析

一个并不漂亮的贫穷的杂货店打杂小妹，为什么会得到营部连所有人的喜爱，源于她的真诚、善良和正直。当面对杂货店老板的责难，她主动站出，巧言化解；当老板扔给她一巴掌，她没有哭。她的正直打动了所有人。所以，阿圆是最漂亮的。

德商借鉴

正直意味着自觉自愿地服从。从某种意义上说，这是正直的核心，没有谁迫使你按高标准要求自己，也没有谁能强迫你献身。

德商测试

DESHANG CESHI

测试 正直指数

在奇幻的世界中，长了一棵很恐怖的树，因为它有一个血盆大口，可以把人给吞下去。你认为这棵树是利用什么方法来让人接近，进而捕食的呢？（　）

A. 用美妙的歌声使人心醉。

B. 模仿对方恋人的声音。

C. 散发迷人的树香。

D. 利用飞翔在它周围的小鸟使者。

E. 什么都不做，只是静静等待好奇的人走过来。

测试结果

选择 A 的人，是属于为了讨人喜欢而撒谎的人。若以日行一善的精神来看，很多事情你都会加油添醋。当然这并不算是什么恶意的谎言，但如果谎言逐渐扩大的话，就容易在众人的面前丢脸；即使你没有说谎，有很多事也会因为过分地夸大而让对方有所误解。所以，你对于任何事情都要谨言慎行。

选择 B 的人，是个撒谎高手。当然，这谎言不管是善意与否，在还没被揭穿之前，很少有人会因此而受伤。之所以这样，是因为一旦这个谎言被识破时，就会让人遭受很重的打击，而这也是这类撒谎高手的特征。所以，为了自己，即使只有千分之一被识破的可能，也绝对不可以撒这个谎，否则你的朋友会越来越少。

选择 C 的人，是属于不会利用谎言去伤人，可称得上是诚实的人。开门见山地说，你是个不善于说谎的人，只要你想说谎就会被别人看穿，你的性格、你的名誉不但不会受损，反而会有很多人认为你这样很可爱。

选择 D 的人，属于撒谎时喜欢找替罪羔羊的人。为了使谎言变得有说服力，你常使用“因为某某说”或是“从某某人那里听来的”等语句。当谎言被识破时，那个人的信用也跟着完蛋了。所以别把别人也卷入你的谎言中，那就太令别人难堪了。

选择 E 的人，属于绝不撒谎的人。忠厚老实的人，最痛恨的就是欺骗别人，也正因如此，即使对方不想听的事实，你也毫不隐瞒地全盘说出，结果通常是伤人很深。在必要时，你也要机灵地学会撒谎。

DESHANG

第二章

扛在肩上的是责任

生活中，处处都有责任的考验。不经意地捡起一张废纸，是保护环境的责任；帮助体弱多病的老人和小孩，是尊老爱幼的责任；替别人解决困难，是助人为乐的责任。在学校里，我们努力学习，这是责任；在家里，我们帮父母做家务，这是责任；出门在外，为社会做点儿事，这也是责任。

对自己负责，责任是严格的教官；对别人负责，责任是生命财产安全的保证；对国家负责，责任是社会进步的条件。责任，是不可丢弃的使命。若抛弃它，虽有暂时的轻松，却丢失了一生的光彩。

责任，是一种爱；责任，也是一种保护；责任，更是一种承诺。责任应永驻你我心中。

德商代表：**法伊克·马哈茂德**
关键词：**尽职尽责**
德商指数：96

孤胆邮差

文/大　海

在硝烟弥漫的伊拉克巴格达市，爆炸、枪击、绑架等暴力事件的频频发生，使这里成为危险之地。然而，仍有一群“孤胆邮差”，每日穿梭于巴格达的大街小巷，为人们带去亲友的嘱托和祝福。

法伊克·马哈茂德，是巴格达北部艾德哈米亚地区的一名普通邮差，他个头不高但身子骨结实，刚刚年过四旬，却已当了近20年邮差，这几年更是在极为恶劣的环境下工作，在枪林弹雨中为居民们服务。

法伊克每天的工作，就是与绑匪、武装人员斗智斗勇，绕过他们的地盘去送信。在巴格达，反对势力通过暴力手段，企图让社会生活陷入停顿。任何为政府工作的人，都有可能遭到他们的突然袭击。

“身上的制服容易让你成为袭击目标，”在一次采访中，法伊克拽拽身上的衬衣和牛仔裤说，“绑匪往往瞄准政府人员下手，因此我们常穿便服。”

这绝非危言耸听。不久前，法伊克的一位同事就在巴格达西部一家邮局的门口遭遇爆炸事件，死于非命。

在送信的路上，法伊克常把自行车放在朋友家里，然后把一捆信件藏在随身的蓝色提包内，徒步穿梭于大街小巷。他通常要走过好几个垃圾场，穿过好几座花园，为的是绕过暴力事件频繁发生的大路。

然而，法伊克并没有被巨大的危险所吓倒，仍坚持做着自己的邮差工作。在战乱年代，送信可不是一件容易的事。巴格达市民为躲避战乱，常常居无定所，信上的地址也老是出错。遇到这种情况，法伊克就到处打听，尽自己最大的努力，找到收信人当前的住址，把信送到他们的手上。法伊克笑称，自己的工作快赶上“私家侦探”了。

法伊克这种尽职尽责的行为，得到巴格达当地居民的尊重。这里几乎所有的人都认识他，假如赶上发生枪战，他可以随时躲进任何人的家里。

英国《泰晤士报》报道了这位“孤胆邮差”的事迹后，一时间感动了全世界的人。于是法伊克·马哈茂德又多了一个尊称——“勇士”。

“邮差”法伊克忠于他的职责，因为他知道，巴格达市民饱受战乱之苦，阅读亲人的信件，已成为抚慰人们心灵创伤的最佳方式，能够带给他们活下去的勇气和希望。法伊克说，当收信人看信时露出真心的笑容时，他会感到莫大的幸福。

在接受一次采访时，法伊克表示，他坚持工作的理由只有一个：“把信件带到居民的手中，这是我的工作。”

“这是我的工作”，虽然只是一句朴实的话，但法伊克却用生命为我们诠释了什么是“责任”。

德商分析

硝烟弥漫，炮弹横飞，一个孤胆邮差在枪林弹雨中穿梭，为人们带去活下去的勇气和希望，他——法伊克·马哈茂德，用生命为我们诠释着什么是“责任”。

德商借鉴

国家遭到不幸，人民生活在水深火热中，需要的是每个有责任的人敢于用铁肩担当道义。

德商代表：**那些为革命献出生命的年轻战士、山村支教教师**
关键词：**责任**
德商指数：**100**

你所不知道的青春

文/包利民

一

山高林密，大雪飞扬。

一群身影在高山密林中艰难地穿梭着，每一步都会在厚厚的雪上留下深深的脚窝。那是一群年轻的身影，一张张青春的脸，冰天雪地没有冻结他们冲天的豪气。

那是抗联队伍中最年轻的一支小分队，平均年龄只有18岁。经过在鬼子的包围中长达一个月的奔走之后，他们只剩下19人，其中有3名女战士。他们一次次地将战友埋葬，又一次次地踏上征程，把含泪的痛与带血的恨深藏在心底。虽然不知道还要走多远，还能走多远，虽然知道还会有同伴倒下，长眠在这片山林之中，可他们的脚步始终坚定如初。

毕竟是十几岁的少年，在艰难的境遇之中，他们依然散发着青春的活力与朝气。他们有时会聚在一起低低地唱歌，唱那个年代的歌曲，有雪花在身畔轻舞，那样的时刻，仿佛没有枪声，没有战争，天地间只有飞雪与歌声。最小的女战士才16岁，负了伤，由于寒冷和严重失血，已经到了最后的时刻。她看着那些同伴，低声说："再唱一首歌吧，我想听你们唱歌！"歌声响起，是那首广为流传的《露营之歌》："朔风怒吼，大雪飞扬，征马踟蹰，冷气侵人夜难眠。火烤胸前暖，风吹背后寒……"她在歌声中慢慢闭上了眼睛，脸上带着浅浅的笑。

有一个少年战士，在放哨的时候躲在一棵树上，敌人来的时候，他没来得及下来，便让大家快转移，他在树上用枪声吸引着敌人。他成了一个不能移动的靶子，身上不知中了多少枪，可他却没有从树上跌落。当敌人撤走后，同伴回来找他，他依然在树上，左手紧握着刀柄，刀深深地刺入树中，以至于同伴们费了很大的劲也没有拔出来。

当这支小分队突出敌人的包围，与主力部队会合后，只

剩下了5个人。40多个如花的生命殒落在林海雪原之中，如今那一片山岭依旧万木葱茏，是他们永远跨不过的青春，日夜在守望。

二

如今我又踏进那片山林。

那么多年过去，那么多人的青春如云飘过，满山的树依然刺破青天。曲曲折折，崎岖坎坷，历尽舟车劳顿，来到这远如天涯一般的地方。触目的除了山除了树，便是闭塞与贫穷。

在一个山脚下，散落着几个小小的村落，正是黄昏，炊烟袅袅与浮岚接成一处。山坡上较平整处，有几间石头房子，那便是我此行的目的地——几个村子共有的小学校。

教室里极昏暗，这里甚至还没有通电。两个老师正坐在落日的余晖里备课，他们身旁，燃烧的木头上架着的铁锅里，粥香弥漫。这是两个20岁左右的年轻人，他们刚刚从师范毕业，自愿来这贫困的山村小学任教。在他们之前，这里连学校都没有，于是在一年级里，有许多十三四岁的孩子。

两个年轻的教师和我笑谈几个月的经历，眉眼间丝毫没有落寞与失望，大山的淳朴让他们依恋，大山的孩子也让他们发现了一颗颗璞玉般的心灵。他们告诉我，还有一个女教师，20岁，才来了不到一个月，这次回城里去联系希望工程，想在这儿建一所像样的学校。说到这些，他们眼中都亮起了希望，像山顶刚刚出现的星。和他们一起喝过了粥，夜幕便垂了下来，一个老师拿出竹笛，清清亮亮地吹起来，一时思绪飞扬。

忽然觉得，比起都市里的灯红酒绿花前月下，这样的青春，也很美，像山顶正在升起的不染纤尘的月。

（有删改）

德商分析

那群年轻的战士为什么不怕牺牲，缘于他们作为中国人的责任。山村支教教师，在闭塞贫穷的山村快乐任教，缘于为中华文明延续的责任。

德商借鉴

肩负希望，心怀责任，便能成为一个令人敬佩的人。

德商代表：**哥切尔**
关键词：**尊重生命的责任**
德商指数：**84**

为一条鱼辩护

文/查一路

2010年2月，在瑞士的苏黎世法院，当地一位代表宠物、饲养动物和野生动物利益的著名公立律师哥切尔，为他的一个不同寻常的客户进行辩护。

他为之辩护的是一条22磅重的梭子鱼。这条鱼在挣扎了10分钟后被渔夫捕获。哥切尔辩护的核心在于，渔夫将咬钩的梭子鱼钓上水面所花时间过长，致使梭子鱼遭受过度的痛苦。

疼痛，是人无法忍受的。同样，梭子鱼和其他许许多多的动物，也无法忍受疼痛。如果动物过度的疼痛，是由人带来的，那么，人就应该对动物的疼痛承担责任，为动物的疼痛埋单。这是哥切尔的司法理念，同时也是他博爱的宣言。

这事还得从某天上午说起。这天，哥切尔来到他的律师事务所，当他拿起一份报纸，一幅图片映入眼帘，他震惊了。一条足足4英尺长的梭子鱼，在一只鱼钩上苦苦挣扎。他仿佛听到了鱼的呻吟声，鱼说，我很痛。旋即，哥切尔的内心也感到了疼痛，突然，他的内心比鱼疼得更厉害。

哥切尔是个有趣的人，他在23岁时开始对动物权利产生兴趣，当时的一场事故让他10天说不出话，使他有机会了解无法表达自己感受的动物所受的苦楚。

回到眼前的这幅画面，哥切尔说，此

情此景，让他想到了另一幅画面：一位非洲狩猎人，将一只大脚踩在鲜血淋漓的狮子头上……哥切尔感觉自己的心里也仿佛中了一枪，疼痛弥漫开来。眼前梭子鱼的疼痛折磨着他，他想到必须有人为这条鱼10分钟的煎熬和痛苦埋单。

于是，他帮着动物保护组织起诉作为被告的业余垂钓者，涉嫌残害动物。他要告诉人们，动物，必须以人道的方式捕获。

瑞士，是一个对生命高度尊重的国家，无论是对动物，还是对植物。法律甚至规定，科学家在对植物进行试验之前必须考虑植物的尊严。还有些有趣的规定，比如，养狗的人在购买宠物狗之前必须先修四小时的课程。养群居动物，包括鸟类、鱼类必须有伙伴。鸟笼和鱼缸必须至少有一面是不透明的，以使里面的鸟和鱼有安全感。

即便如此，哥切尔还是败诉了。原因是，那条不幸的梭子鱼，早已成了饕餮者盘中的美餐。

很明显，哥切尔缺乏物证。不过，哥切尔表示还将选择上诉，只是他觉得，任何进一步的判决，对于这条梭子鱼来说都太迟了。

然而，无论怎样，为一条鱼辩护，就等于在为一切生命的尊严辩护。让制造痛苦的人为痛苦埋单，这样，才能让所有制造疼痛的手，变得犹疑而谨慎。

德商分析

尊重生命在这里不仅仅是一句话，是被哥切尔付诸的行动。或许你会说他矫情，但生命没有高低贵贱之分，为什么一条梭子鱼的生命不能被尊重呢？

德商借鉴

大千世界，每种生命都是一种绚丽的存在，我们应该尊重一切生命。

德商代表：**巴顿、考文垂**
关键词：**全力以赴**
德商指数：**90**

把性命和质量拴在一起

文／张小平

二战时期，巴顿将军通过一份来自前线的战事报告了解到，在牺牲的盟军战士中，竟有一半是在跳伞时摔死的。这令他十分恼火，立刻赶到兵工厂。

当时负责生产降落伞的是商人考文垂，见到前来兴师问罪的巴顿，他赶忙汇报说："这些年我一直在狠抓产品质量，降落伞的合格率已达99.9%，创造了当今世界的最高水平。"巴顿怒斥道："每个降落伞都关系到一个士兵的生命，你就不能做到百分之百合格吗？"考文垂苦笑着说："我已经尽力了，99.9%是最高极限，再没有提升的空间了。"

巴顿怒不可遏。他走进车间，随意抓起一只降落伞包，大声地对考文垂说："这是你制造的产品，我现在命令你抱着它上飞机！"这个伞包刚刚下线，根本未经过任何检验，万一是次品，自己就将粉身碎骨呀！考文垂吓得要命，可是迫于将军的权威，只能胆战心惊地拿着伞包，上了飞机……

还算运气，考文垂有惊无险地回到地面。望着一脸狼狈、吓得几乎尿裤子的考文垂，巴顿大笑一声，随即严厉地说："从今天起，我将不定期来这里，命令你背着新做好的降落伞从飞机上跳下去。"

从那以后，巴顿再没去过兵工厂，盟军也再未发生跳伞伤亡事故。多年之后，当年的下属疑惑地问他："您是怎么想到那个主意的？"巴顿慢悠悠地答道："考文垂他们并非不具备制造完全合格产品的能力，只是他惯于惰性思维，按一般标准行事，只有把他和前线士兵的性命拴在一起，把他的安全和产品质量拴在一起，他才会竭尽全力。"

做任何事，尽力而为还不够，而是应该全力以赴，成功的奥秘就在于此。

德商分析

责任，是不可丢弃的使命。考文垂对别人不够负责，所以合格率只有99.9%，但当他要对自己的生命负责时，合格率就100%。

德商借鉴

世上许多事不是做不到，是看你愿不愿意全力以赴。

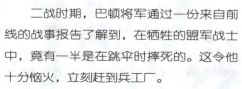

德商代表：**梁思成、梅贻琦**
关键词：**忠于职责**
德商指数：**96**

梁思成的眼泪

文/孟祥海

1938 年，西南联大组建之初，梁思成应邀为学校设计校园。方案设计好后，因经济困难，几经修改。最后他忍无可忍，冲入校长梅贻琦的办公室，把设计图砸在他的办公桌上，痛心地喊道：“改！改！改！你还要我怎么改？”梅贻琦望着眼前这位激动的学者，呆呆地愣了半天，说不出话来。

面对此景，梁思成喃喃自语道：“我……已经修改到第五稿了，从高楼到矮楼，从矮楼到平房，现在又要我去盖茅草房……”

听了梁思成的话，梅贻琦叹了口气，声音颤抖地对梁思成说：“……大家都在共赴国难，以你的大度，请再最后谅解我们一次。等抗战胜利回到北平，我一定请你来建一个世界一流的清华园，算是我还给你的谢意，行吗？”梅贻琦的声音不大，却有些颤，梁思成听着，心又一次软了。那天，他哭了，哭得像一个受伤的孩子……

1953 年 5 月，北京市开始酝酿拆除牌楼。梁思成力争，四朝古都留存的牌楼街不能因政治因素毁于一旦。他与做解释工作的吴晗发生了激烈争论，被气得当场失声痛哭。

1957 年，北京古城墙被相继拆除。一天，梁思成进城，发现地安门没有了，广安门也消失了。他听说正在拆广渠门，急忙赶去，却发现只剩下一个城台和一个门洞。这时，“毁城大军”正向崇文门和西直门进军。梁思成泪流满面，痛心疾首地说：“拆掉北京的一座城楼，就像割掉我的一块肉；扒掉北京的一段城墙，就像剥掉我的一层皮！”

德商分析

梁思成是一位负责任的建筑大师，他流的眼泪是委屈、是痛苦、是壮志难酬。

德商借鉴

面对文化的陨落和文明的劫难，谁不痛心疾首？“为什么梁思成的眼里常含泪水？因为他对建筑艺术爱得深沉。”

德商代表：**黄先银、张正祥**
关键词：**社会责任**
德商指数：**88**

沙漠里的水手

文/姜钦峰

一

鄱阳湖素有“候鸟天堂”的美誉，每年秋后，会有大批候鸟来这里越冬。为了心中的天堂，它们成群结队，昼夜兼程，依靠太阳和星辰辨别方向，不远万里而来。不法盗猎分子却架起“天网”，“欢迎”这些远方的客人，把天堂变成地狱。假如没有这些阳光下的罪恶，也许黄先银仍可以过普通人的生活，每天看着大雁从头顶飞过。

黄先银的家在南昌市郊，紧邻鄱阳湖大堤。这个黑黑瘦瘦、年逾不惑的庄稼汉子，从小对鸟儿有着特殊感情。只要鸟儿从头顶飞过，他不用抬头，光听叫声，就知道是什么鸟。然而，不知从何时起，湖区沼泽地竖起了一张张“天网”，有的绵延达数十公里，让他触目惊心。

一只天鹅在黑市上能卖到数千元，在暴利驱使下，一些不法分子不惜铤而走险。每年冬季来临之前，他们先用船把大网和竹竿运到鄱阳湖腹地，在空中架起“天网”，待枯水期来临，再去网上摘取猎物。每年冬季，天还没亮，黄先银就会被轰鸣的马达声吵醒，成群结队的摩托车，从他家门口呼啸而过，那是去湖区盗猎候鸟的队伍。他的心在滴血，却感到无能为力。

几年前，一个偶然的机会，黄先银在湖区救下两只被困的白鹤。送到野生动物保护站时，白鹤已奄奄一息，由于伤势过重，最终死去。他亲眼目睹，一只白鹤在临死之前，两滴眼泪从眼角滑落，顺着嘴巴流淌下来，然后闭上了眼睛。这一幕在脑海中始终挥之不去，他说：“我看到鸟儿在哭泣！”从此，他走上了义务护鸟之路，拆毁天网，解救候鸟。一个人的力量有限，他又开始向主管部门和媒体举报，呼吁社会力量保护候鸟。他的呼声受到越来越多人关注，猖狂的盗猎分子不得不有所收敛。

台湾一位名嘴说过一句话：“我这一辈子骂人无数，得罪人无数，却从未遭到报复，因为我从来不断别人的财路。”黄先银的举动，恰恰是在断别人的财路，因此遭到疯狂报复。他原来以养鸭为生，一夜之间，2000只鸭子忽然全部丢失，就连田里的水稻也被人铲平。有时，他独自进入湖区巡查，会莫名其妙遭人殴打。平静的生活被打乱，威胁和恐吓，反而让这个倔强的汉子横下一条心，发誓要跟他们斗到底。

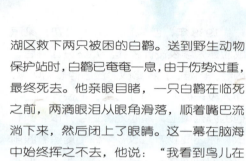

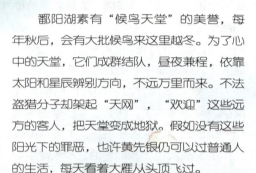

这些年，为了保护候鸟，黄先银四面树敌，在村子里几乎没法立足。记者去黄先银家采访，发现他家的房子已经空了两年没人住，妻子走了，儿子交给了年迈的

父母抚养。他几乎众叛亲离，邻居对他避而远之，老母亲骂他不务正业，自作自受。记者问他为什么要保护候鸟，他似乎讲不出太多大道理，只是反复地说：“它是一条命，我们也是一条命。”为了鸟儿的命，他可以不要自己的命，难怪别人都当他是“精神病”。

媒体上有许多关于黄先银的报道，他被誉为“孤胆英雄”“鄱阳湖斗士”。然而，在附近的多数村民眼里，他却是个不可理喻的另类分子。身边的熟人这么评价他：“他这个人就是一根筋，扳不过来，我们做事是为了生活，他做事是为了不生活。”“小家都顾不好，还考虑大家，要是我们都像他那样，一家子早就完蛋了。”“人做事总得图点什么，我想不通，他到底图个啥？”许多人想不明白，他做这些到底为了什么。

二

张正祥被誉为“滇池卫士”，曾是“2009年度感动中国人物”获奖者，当地人送他外号“张疯子”。滇池位于云南昆明西山脚下，数十年来，为滇池和西山不遭受污染破坏，他四处奔走呼告，先后告倒160多家排污企业，40多家采石场。而他得到的回报，却是终身残疾，妻离子散。对于大自然，他有着超乎常人的亲近感。1948年出生于滇池边的张正祥，童年接连遭遇不幸，7岁就成了孤儿。没妈的孩子像根草，村子里的孩子都欺负他，一气之下，他躲进了深山老林，过了7年野人般的生活。饿了吃野果，渴了喝山泉，困了就住在溶洞里，他一个人在山上过得逍遥自在，快乐无比。这成为他童年最美好的记忆，也让他对这片青山绿水产生了母亲般的依恋。

上世纪80年代，西山丰富的矿产资源吸引了大批人前来开山采矿。一时间，炮声隆隆，尘土飞扬。正当人们为找到致富新路而欢欣鼓舞时，张正祥却站出来反对，认为这样无序开采会破坏山体，污染滇池。然而，他微弱的声音很快淹没在轰鸣的机器声中，根本没人理睬。换成别人，尽力而为也就算了，他不。从此，孤身一人，开始了长达数十年的战斗。动机很简单，用张正祥自己的话说：“滇池、西山是我

的母亲，我现在长大了，一定要回报她。”

张正祥买来照相机，实地拍照取证，不断写材料反映情况，渐渐引起有关部门关注。矿主们再不敢小瞧这个农民，不得不腾出精力来对付他，先是收买，在两条香烟盒里塞进20万元，给他送去，他不要。收买不成就威胁、恐吓，有一个矿主曾放言：“谁把他撞死，我来出钱！”他不怕，继续举报。威胁利诱不奏效，又改为殴打，见面就打。他一个人走在路上，常常被几十个身强力壮的大汉围住，一顿拳打脚踢，而他连被谁打的都不知道。张正祥说：“我被他们打的次数，数都数不清。”他被打得遍体鳞伤，牙齿、脖子、肋骨、手脚全身都是伤痕，右手粉碎性骨折。最危险的一次，头顶被人用石头狠狠砸中，鲜血从眼睛、耳朵、鼻孔里同时流出来，他的右眼因此严重受损，几乎失明。

人被打残，好好的一个家也散了。张正祥曾是远近闻名的养猪大户，是农村最早的一批万元户，生活富足，家庭美满。自从他走上环保之路，家境每况愈下，儿子由于受到惊吓精神失常，常住精神病院。家人无数次哀求他不要多管闲事，惹火烧身，他不听，倔强得像块石头。

绝望的妻子不告而别，两个女儿不肯原谅他，出嫁后都不愿跟他来往。张正祥的举报行为，断了矿老板的财路，也让附近村民的收入受到损失。他甚至遭到村民的驱逐，被迫数次搬家，如今孤身一人住在破败的房子里，有时两个馒头就是一顿午饭。他每天最重要的工作，就是背起挎包，手拿照相机和望远镜，绕着滇池行走，发现污染立刻举报。孤苦伶仃，踽踽独行，年过花甲的张正祥依然在战斗。

黄先银守在鄱阳湖畔，张正祥守在滇池边，两个人远隔千里，互不相识，命运竟如此相似。他们做着同样的事情，经历着同样的遭遇，众叛亲离，妻离子散，一个被称作“精神病”，一个被称作“张疯子”。我曾扪心自问，假如自己处在那种境地，能否坚持到底？答案令我们汗颜。到底是什么在支撑着他们一路走来，我们似乎无法走进他们的内心世界。

（有删改）

德商分析 黄先银、张正祥的所作所为绝不是一时头脑发热，单凭义气而为，他们的言行表明他们的心中高擎着一杆社会责任大旗。

德商借鉴 人到世上走一遭不容易，要使自己的人生有意义，就多为社会献出自己的微薄之力吧。

德商 PK 者：**英国一家建筑设计事务所、俄罗斯工程师、杜鲁门**
关键词：**职业操守**
德商指数：**89**

接过那只水桶

文/郭 龙

在上个世纪末，武汉市鄱阳街一座叫景明大楼的业主收到了一份从英国寄来的函件，这是从英国一家建筑设计事务所寄来的。这座大楼建于 1917 年，当时设计的年限是 80 年，因此这家建筑事务所来函告知：景明大楼为本事务所在 1917 年设计，设计年限为 80 年，现已超期服务，敬请业主注意。

这样的函件真是闻所未闻，跨国的一份函件竟然是为了 80 年前设计的一座大楼。80 年前的楼房，不要说当时的建筑工人，就连当时的设计者都不在人世了吧。可是至今居然还有人在为他的安危操心，操这份心的不是这座这楼的业主，也不是当地的建筑委员会，而是远在英国它当初的设计者所在的建筑设计事务所。

同样，在东北地区滨洲铁路穿越小兴安岭的那条最长的隧道的山顶，有一座很普通的石碑，那里长眠着一位俄罗斯的工程师，原来这位工程师当初是这条铁路的设计者之一，当初他负责这条隧道的设计，当时由于地形的复杂，隧道没有按照预定的时间打通，耽误了整个工程的进程。这位设计师非常自责，最后他开枪自杀了，他以自杀来弥补自己的失职。

在美国总统杜鲁门的门上，有这样一个标签："buckets,stophere"，意思是说水桶传到这里为止。这是一句美国的谚语：在英国人刚刚踏上美洲的时候，有一个习惯，如果水源离生活区有一段距离，那么大家就排成队，然后以传水桶的方式把水运到生活区。后来这句话就引申为把麻烦传给别人。杜鲁门的门上贴的这个标签意思就是说自己接过那只水桶，麻烦传到这里为止，任何人的问题到这里都会结束，自己不会把麻烦再传给别人。

无论是英国的建筑事务所，还是那位长眠在东北的俄罗斯的工程师，甚至是美国总统杜鲁门的"水桶到此为止"都值得我们学习，因为他们都承担着自己的责任。

德商分析

其实无论是 100 年前英国那幢大楼的设计公司，还是因自责而自杀的俄罗斯工程师，还是日理万机的杜鲁门总统，也许他们所做的只是自己的工作，可是为什么却受到了这么多人的关注？其中的答案就是，他们坚守了自己的职业责任。

德商借鉴

承担了自己的责任，接过来的或许是麻烦，但更多的是别人对你的尊重。

德商 PK 者：**父亲**
关键词：**对他人负责**
德商指数：**84**

坚　守

文/梁云祥

有好多年了，他没再吃哑叔的烩面了。偶尔也想，但总是想想算了，因他吃的好吃东西也多了，渐渐地就把哑叔的烩面忘了。

父亲的店没有什么太大的变化，人老了就是跟不上形式，这样的店除了老食客没人愿意来。

父亲抬起了头，看到了坐在那里的他，这时他的烩面也被服务生端上来了。父亲的眼神没什么特别的，看到他和看到其他客人一样，然后又开始忙手里的活儿。他慢慢地吃着烩面，觉着有点儿硬，又觉着汤的味道有点变了，总之不是原来的味儿。这份面他无论如何是吃不完的，那时他一次吃两碗，今天一碗也难吃完了，他想哑叔知道他一次吃不完他做的一碗面肯定难为情，因为小时候哑叔做的面他吃不完一碗，父亲总是拿哑叔说事。

没有过多久，哑叔从后厨出来。他肯定是接到了父亲的情报，哑叔才出来的。哑叔比原来壮实了，戴着白帽子，手里拿着擦汗的毛巾。看到他，哑叔的笑容是那么的彻底，那么的真切，好像在说：你小子怎么不来吃我的烩面了？他从座位上站起来，让哑叔坐到他的对面。哑叔看到了他的那份面，他马上低头大口吃起来，嚼着嚼着，他突然感觉面味又香起来了。

哑叔看他的眼神很亲切，好像他就是他的亲侄子一样。哦，对了，哑叔是没有亲侄子的，因为哑叔哑，所以，他的身世谁也不知道。父亲遇到哑叔时，哑叔一个人在街上流浪，父亲那时每天天不亮就骑自行车去批发市场买菜。那天他买的菜多，自行车推不稳就摔倒了，哑叔就过来帮忙，帮父亲把车推到店里，父亲让他饱饱地吃了一顿饭，就让他走了，没想到哑叔每天都在那里等父亲的车路过，等着父亲把他

带到店里吃一顿饱饭。就这样他就被父亲留在了店里。

他和哑叔没什么交流，两人只是对着笑笑，然后，他把吃光的面碗对哑叔举了举。哑叔笑了，起身准备再去做一份，他拉住了哑叔，拍了拍自己的肚子，说吃饱了。

哑叔起身又去后厨忙活了，望着哑叔的背影，他有那么一点点感动，如果哑叔当初不是遇到父亲，那他现在是不是还在街上流浪。他想着，就把目光投向父亲。

父亲的事情好像总也忙不完，他叫了一声爸，父亲这才拿了他的茶壶慢悠悠朝他走过来，坐到了哑叔坐过的位子。说实话，他很心疼父亲，几年前父亲大病时，他劝父亲把店关了，父亲说他刚参加工作没几年，哑叔的孩子又该上学了，怎么着也得再撑几年。

他想，父亲见他的第一句话肯定是“你今天怎么有空来店里”，他准备着回答父亲，但父亲却没有问。他看着父亲把烟拿在手上准备点燃，见父亲习惯性地扫射一眼，注意到旁边有一对母子在吃饭，又把点烟的动作取消了。

父亲的样子让他有点难过，他的脸已经太过老相了，大块大块的老年斑，让父亲的老相更加坚固。他想说：爸，生意不好做，把店关了吧！可嘴里说出的却是：“我已买好一套房子，一楼，带院子，您和妈……”他的话没说完，就被父亲打断了，父亲说：“我也想关了这店，可……”父亲的语气让他感觉还有什么难办的事情，他想不出，关个店，还有什么难的，又不需要谁批准什么。

父亲端起杯子喝水，拿杯子的手有点发抖。他开始自责，心里莫名其妙地痛了一下。父亲说：“等等吧！等你哑叔的孩子大学毕业，再说关店的事。”父亲的话不多，也不重，却像锤子一样，砸在了他的心里。

德商分析

父亲虽然年迈体衰，虽然有孝顺的孩子，他本可以什么也不做，舒舒服服地享受自己的晚年生活。但为了一个自己好心收留的聋哑人，父亲选择了坚守：既是对小店维持下去的坚守，也是对哑叔负责的坚守，更是对自己善心的坚守。

德商借鉴

人要有创造社会价值的责任感，不管他年龄大小。心中有责任，才会活得有意义。

德商代表：**万江**
关键词：**对自己负责，对他人负责**
德商指数：**90**

爱就是要对你负责

文/陈明聪

一个年轻人来到美国，打工一年后，他报考了南加利福利亚大学硕士，没有考上。第二年接着考，还是没有考上。第三年，仍然没有考上。他开始感到沮丧、绝望和不安。

很快，他国内的女朋友也来到美国，她直接拿到了耶鲁的奖学金。当她开始上学时，他仍然无所事事地在街上晃荡。

不久，她答应了他的求婚，因经济拮据，他们什么人也没有请，只是在路边的一个小馆子撮了一顿，当天晚上，他们入住到一家小旅馆里。

很快，他在一保险公司找到一份工作，生计有了着落。

但随即，他在无意参加完一个名为“百万富翁”培训班后，在一名叫斯皮尔斯的理财专家的“怂恿”下，他毅然向公司递交了辞呈。他铁了心：无论如何，我不想再回到职位上去，我的生命里将不再有任何老板！

在他做出了这个无法挽回的决定后，妻子淡淡地说：“我希望你做的是一个理智的决定，你要对自己负责。你要明白，如果再这样混下去，我们的关系就会有问题。”

后来，经过了那段最黑暗、最难熬的日子。他在来到美国后的第六年——1991年，他通过演讲、写作和投资挣到了第一个100万美元，至2003年个人资产已达1亿美元。

这个人就是华裔亿万富翁万江先生。

万江说：妻子为什么会在那个时候和穷困潦倒的我结婚呢？后来我问她这个问题时，她只是轻描淡写地说：我感觉到那些日子你很消沉，我希望有一件事可以让你负起责任来。

他还说：“辞职后，我没有埋怨过妻子那种雪上加霜的做法，她虽是在给我施加压力，但我理解她的心境，她需要的是一种安全感，我要对她负起责任来。”

万江的成功证明，人们最出色的成功，往往在处于逆境的情况下做出，思想上的压力，甚至肉体上的痛苦，都可能成为精神上的兴奋剂。

是的，爱你就是要让你负起责任来，对自己，对亲人，对爱人。如果说责任感折磨着一个人的话，那它也能使人完成非凡的伟业。

德商分析

在成功人士身上，只有一点是共同的——那就是对自己以及对他人深深的责任感。万江先生就是这样的一个人。有人做过统计，在全球500强中，近20年来，从美国西点军校毕业出来的董事长有1000名，副董事长有2000名，总经理或董事这一级的也有5000名。世界上也许没有任何一家商学院能够培养出来这么多的顶级人才。为什么不是商学院培养了企业领导人，而是西点军校呢？因为西点军校对学生要求的标准——准时、守纪、严格、正直、刚毅。这些都是任何一家优秀企业对其领导人要求的最基本的素质，也是最值得挖掘和培养的素质。

德商借鉴

一个对自己负责的人，身上有两个重要的特点：第一，信守承诺；第二，永不言败。正是这两个特点才能使人取得巨大的成功。

德商代表：**李彬**
关键词：**责任是一种承诺**
德商指数：**89**

无声嘱托

文/莫小米

20多年前，李彬当过兵，是一名真正的兵——上过战场，领教过枪林弹雨，见识过流血牺牲的兵。他是卫生兵，在炮火硝烟中抢救过58名伤员，以二等功臣光荣凯旋，但20多年后的今天，在人群中，他普通得不能更普通，甚至，有些寒酸，不合时宜。

然而，他却做着一件周围人看不懂的事情。

清明节，人到中年的李彬带着八位老人来到北京，来到人民英雄纪念碑前。

老人手里捧着相片，相片上是年轻英武的军人——是老人们很久以前丢失在战场上的孩子，是李彬的战友。这八位老人以及牺牲了的年轻人之前都没有来过北京，李彬要带他们来，了此心愿。

他口口声声喊老人们“爸爸”，他是他们所有人的儿子，认养的爸爸妈妈，一共有14位。

战士来自五湖四海，爸爸妈妈也散落全国各地，李彬是从1995年开始，一个一个寻找到他们的。

逢年过节，李彬都提着礼物——去看望爸爸妈妈，平时保持联系，有紧急情况要赶过去伺候。钱是一方面，更多的是精神与情感的投入。

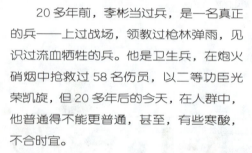

李彬为什么这样做？为什么是李彬这样做？

原来，他抢救的58名伤员中，有八人是烈士，他亲眼看见年轻的生命瞬间逝去。其中一幕让他深深后悔自责。

那是个重伤战士，李彬争分夺秒地把他从炮火中救下来，一心只想抢时间，到了后方卫生所，从担架上下来的时候还有一口气，往手术台上一放，气就没了。

李彬方才想起，一路上伤员的嘴唇在动，眼睛在动，好几次。可李彬没停下来听他讲话。

我是他生命中最后时光里的最后一个人，我为什么没能听他临终前最后的嘱托呢？

这几十分钟，就是永远无法割断的关联。脱下军装的日子里他反复问自己，那无声的嘱托，到底是什么？

有一次他去看“爸爸”，因为班车晚点到得晚了些，“爸爸”已经在村口等他……

有个大雪天，一位“爸爸”拎着“妈妈”亲手酱的鹌鹑在村口桥头等着李彬：“给你上大学放假回来的儿子炖汤吃……”

想起这些场景，李彬说：“当‘爸爸’‘妈妈’接纳了我这个儿子、并倾注了像对亲儿子一般的感情时，我就知道，战友临终的无声嘱托，我理解对了。”

德商分析

责任，是一种保护；责任，是一种承诺；责任，是一种爱。李彬用他的行动为我们彰显了一个普通战士的责任。

德商借鉴

责任有时就是让自己心安，让人生无悔。

德商代表：**岩山次郎**
关键词：**负责**
德商指数：**87**

百年责任

文/五月小荷

那年我大学毕业后，回到家乡的县委办公室实习，正好赶上县委与日本的一家著名的公司进行洽谈，我列席参加了，中日双方在友好的气氛中进行，就引资问题达成初步的协议，会后日方的代表岩山次郎对我们的友好合作一再表示感谢，最后他对县委书记说：“我家父几年前来贵县。”县委王书记说：“记得记得，那年来的老先生敢情是您的家父，那就更好了，说明我们的友谊地久天长啊！他老人家栽下了象征友好的常青树。”岩山次郎说：“几年前家父去世，他老人家有一个心愿，就是来中国看看他生前在咱革命老区，为中日友好栽下的常青树，他老人家时常说，现在大概有碗口粗了，不幸的是他老人家去世了。在家父去世前嘱咐我一定完成他的心愿。我这次来的另一个目的就是完成他老人家的心愿。”

县委书记愣了一会儿，无言以对，他只想说：“那是前任书记……”但他最终没有说出。

“常青树”三个字触及我的神经。

那年我在县城上初中，一天下午有个同学说：“今天下午有个日本人为中日友好来我们县城。”因为好奇或者别的原因第二节课后我偷偷溜出学校，那天天气晴朗我追随着人群来到县委大院，由于人多听不清他们说什么，也看不清他们在做什么，远远望去他们在大院的门口栽下了两棵树，据说是象征着中日友好。

这件事很快就过去了。

初冬的一个下午我去二叔家玩，二叔在县委当办公室主任，我一进门就看见他5岁的儿子在院子里玩纸飞机，我捡起来一看，纸比较精美，仔细一看是一张信纸，是一封来自日本的信，背面附有中文，信的大意是，岩山一郎对我县县委的热情表示感谢，同时他详细介绍了“常青树”的冬季管理方法及特点。我问二叔怎么回事，二叔说政府办收到信以后，他随意看了一眼就放在公文包里，结果带回家后小儿子给玩了纸飞机。

我问二叔：“那棵常青树怎么样了？”

二叔笑了笑说：“早死了。”

几年过去了，再没有谁提起常青树的事。

岩山次郎看到如此的情景，似乎明白了什么，笑了笑没有说什么。

第二天，他就早早地离开县城，临别他只说了一句话：“我要对公司负责，对自己负责，这是我的责任。”据说他从此再也没有来过我们县，我们也再也没有与日本人合作过。至今我县仍然是一个省级贫困县。

这件事一直伴随着我的成长，也是我一生的财富，我时时提醒我自己。

“我要对公司负责，对自己负责，这是我的责任。”

德商分析

岩山一郎不仅栽下了象征友好的常青树，还详细介绍了“常青树”的冬季管理方法及特点，他是个有责任心的人。作为在县委当办公室主任的我二叔，却把介绍“常青树”的冬季管理方法及特点的信拿回家去让儿子折飞机玩，以二叔为代表的某些政府工作人员毫无疑问是不具备责任心的人。

德商借鉴

在工作中有责任心的，从不会忽略工作中的小事。因为责任没有小事。

德商控：**刘斐**
关键词：**追求完美、对自己负责**
德商指数：**87**

即使大火毁了你的所有

文/柳 如

他生气极了，说："你歧视我，我可以现在画给你看。"老师说，你只是在模仿，却不是你的设计。老师拿出一位女同学的画作，那是她匍匐在一个地板裂缝上，用铅笔沿着裂缝拓出的印记，再加上自己的创作。老师说："设计不是完美地模仿，而是要在原始灵感的基础上创作，展示属于自己的东西。"

他开始尝试新的、不同的、特别的创作，做没有做过的事情，做完全自我的设计。他竟凭此进入了珠宝的殿堂，生活中的点滴美好，都可以被艺术化、夸张化，成为设计永不枯竭的灵感源泉。

后来，这个男孩获得了英国珠宝设计大奖，成为这个奖项79年历史上第一位获奖的中国大陆人。起初他把作品寄给组委会时，只想能得个提名就很满足了。

这就是命运。2000年的金匠大奖让英国的珠宝圈知道伯明翰有一位华人设计师，一年后，他的名字进入瑞士巴塞尔国际珠宝设计大赛的名单，真正走向了国际。

接踵而来的荣誉和机会，让一个年轻人过起了人人羡慕的新贵生活。正当他沉迷于宴会和交际时，他接到电话，说他的房子不幸着火了。

等他赶回家的时候，房顶已经烧穿一个大洞，天光照进来，满屋只剩灰烬，工具箱里的钻石和珍珠、金线熔化在一坨塑料中，床烧得只剩下弹簧。只有一本护照和设计模具奇迹般保留下来，它们被墙角的一把香蕉掩护着。

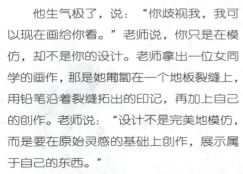

他变得一无所有，然而，命运还是给他留下了一个留在英国的凭证和资本。他觉得这是一种天意，让他不再沉溺于已经得到的荣耀里，而继续前行。

他于 2006 年 7 月在伯明翰创立了自己的工作室。近两年来，公司旗下的三个设计品牌已经在欧洲、美洲和亚洲建立了良好的市场。英国著名的百货连锁店中已经出现了“FeiLiu”品牌。

他就是刘斐，在英伦乃至国际时尚圈颇有名气的国际珠宝设计大师。中国驻英国大使傅莹称赞刘斐的作品是“中西文化碰撞交流的产物”，他的成功是“中英两国在教育、文化等领域友好交流的最好例证”。

这位来自重庆的年轻人花了 10 年，用自己的智慧与执著，赢得了西方世界的掌声与认同。人生就是下跳棋，你只有每一步都指向你的目标，才能脱颖而出，抵达梦想。

德商分析

在异域他乡追求在工作事业上的完美，本就是有责任感的体现。“不管喜欢不喜欢，那都是我自己必须面对的，都没有理由草草应付，都必须尽心尽力，尽职尽责，那不仅是对工作负责，也是对自己负责。”刘斐为避免被外国人歧视，他一再地创造奇迹，这是他心中强烈的爱国责任感激发的。

德商借鉴

有责任感就可以创造奇迹。

德商测试

DESHANG CESHI

测试 责任指数

责任是每个人都应该具有的品质，那么你是不是那种没有责任感、长辈都不放心让孩子与你交往的那一类型呢？一起来测试一下吧！

1. 约会，你通常准时赴约吗？是（ ）否（ ）
2. 你认为你这个人可靠吗？是（ ）否（ ）
3. 你会因未雨绸缪而储蓄吗？是（ ）否（ ）
4. 发现朋友犯法，你会通知警察吗？是（ ）否（ ）
5. 出外旅行，找不到垃圾桶时，你会把垃圾带回家去吗？是（ ）否（ ）
6. 你经常运动以保持健康吗？是（ ）否（ ）
7. 你忌吃垃圾食物、脂肪性过高和其他有害健康的食物吗？是（ ）否（ ）
8. 你永远将正事列为优先，再做其他休闲吗？是（ ）否（ ）
9. 你从来没有错过任何选举权利吗？是（ ）否（ ）
10. 收到别人的信，你会及时回信吗？是（ ）否（ ）
11. “既然决定做一件事情，那么就要把它做好。”你相信这句话吗？ 是（ ）否（ ）
12. 与人相约，你从来不会耽误，即使自己生病时也不例外吗？ 是（ ）否（ ）
13. 你曾经犯过法吗？ 是（ ） 否（ ）
14. 在求学时代，你经常拖延交作业吗？ 是（ ）否（ ）
15. 小时候，你经常帮忙做家务吗？ 是（ ）否（ ）

测试结果

每项选“是”得1分，选“否”为0分。

分数为10–15：你是个非常有责任感的人。你行事谨慎、懂礼貌、为人可靠，并且相当诚实。

分数为3–9：大多数情况下，你都很有责任感，只是偶尔有些率性而为，没有考虑得很周到。

分数为2以下：你是个完全不负责任的人。有些朋友的父母可能会对你有成见，力劝儿女少跟你来往。你一次又一次地逃避责任，造成每个工作经常干不长，手上的钱也老是不够用。

第三章 爱能浇灌最美的花朵

爱，有许多种，如：母亲对儿女的爱称为“母爱”、父亲对儿女的爱称为“父爱”、老师和学生的爱称为“师生爱”、同学之间的爱称为“友爱”……人世间到处充满爱，我们每一个人都在爱的搀扶下生活，在爱的拥护下成长。

爱是一种尊重，不仅尊重自己，更要尊重他人。爱是一种宽恕，我们对他人要有容忍之心，宽恕之心。爱是一种牵挂，在我们心中魂牵梦绕。爱是一种力量，使我们在前进的路上不会感到疲倦。爱是一种诺言，是患难之中不变的承诺。

如果说爱很简单，那就是一种责任；如果说爱很难，是因为我们要用一生来实践。愿我们用一生来履行应尽的义务，加倍呵护爱我们的人和我们爱的人。

德商代表：**文尼西斯、沃尔特**
关键词：**心中有爱**
德商指数：**81**

分享机会

文/渡 源

巴西经典电影《中央车站》，曾经获得过四十多个国际电影节大奖。电影讲述了一位老妇人朵拉陪同一个孩子约书亚，去远方寻找他爸爸的故事。而我们今天要说的，是电影之外的故事。

年轻的电影导演沃尔特需要从巴西各地的小孩儿中挑选一位男主角。这天，他因事来到城市的一个车站，一个小男孩儿要为他擦皮鞋。他当时拒绝了这个孩子，于是，这个孩子问他能不能借给自己一些钱，好让他买个面包，等他擦鞋挣了钱，他一定会还给他。

这时他才发现，眼前的这个瘦弱的孩子，和自己想象中的电影男主角很相似。他给了孩子买面包的钱，并且告诉他，明天可以去他的工作室找他，不但有饭吃，还可以挣钱。

第二天，当他来到工作室的时候，却惊呆了，昨天擦鞋的小男孩不但自己来了，而且还带来了几乎车站所有擦鞋的孩子。

导演在这些孩子中间，发现有几个孩子比昨天要给他擦鞋的孩子还机灵，似乎也更适合当这个电影的男主角。但是最后他还是决定让这个孩子来试试，因为他觉得他是个善良、愿意与别人分享机会的人，而电影中的孩子，正是一个善良的人。

后来的故事就简单了，这部电影获得了巨大的成功，一个在车站擦皮鞋的孩子，就此走上了“星光大道”，成为巴西家喻户晓的明星文尼西斯。

德商分析

一个在车站擦皮鞋的孩子面对能改变命运的机会，没有自私地选择独自占有，而是善良地告知了所有和他有相同命运和渴望的同伴，这难道不应该值得我们学习吗？

德商借鉴

纯真温厚，心中想着他人的人，命运之神也将特别关照他。

德商代表：**作家**
关键词：**富有爱心**
德商指数：**90**

多一只狗叫

文/米克沙特·卡尔曼

有一个作家，为剧院写了一个剧本。

一个大雾的日子，作家正对剧本做着最后的修改时，一位老人走了进来，站在他写字桌的前面。

作家有点不知所措，茫然地抬起头问：

“你是谁？有什么要求吗？”

“您的剧本里不是有一幕需要狗叫吗？我就是那个学狗叫的人。这门技巧，我在年轻的时候就学会了，我能把真狗逗得乱蹦乱叫。”老年人说。

“你有什么事吗？”

“我听说您是一位心肠非常善良的好人，就来请求您了——我可怜的妻子正卧病在床，但我们没钱去请医生……所以，我来问您一下，能不能每一幕都有狗叫？”

“啊！那不符合剧情的发展！”

“不能再加两次狗叫吗？”老人垂头丧气地问，“我以为，先生您一定会帮助我们渡过难关呢！”

作家想了想问：“假定说有三次狗叫，你会拿到多少钱呢？”

老年人说：“那样的话，我每天晚上就可以拿到三块钱，因为每一幕有狗叫都是另外支付的！”

作家深思了一会儿，说：“好吧，我把剧本改一下。”

老人兴奋地说：“真的？太谢谢您了！”

“假定在剧本里有两只狗叫，一只在左边叫，一只在右边叫，你看怎么样？”

“那太好了！”老年人高兴地说，“因为我儿子已经像我一样，学会了这门技巧！”

“好，你回家去吧，希望你叫得逼真些！”

老年人满怀着感激之情，离开了作家的住所。作家认真地修改剧本，他要把故事的发生地——都市动物园长颈鹿馆，改在北极的爱斯基摩人家庭。这是一个多大的工程啊！

德商分析

作家为了帮助老人渡过难关，竟然将已写好的剧本进行大幅度修改，这会给自己带来多大的麻烦呀。但为了老人的请求，作家做了。这是一个富有爱心和同情心的正直之人。

与人为善，心怀怜悯的人值得大家尊敬。 **德商借鉴**

德商代表：**李忠义**
关键词：**富有爱心**
德商指数：**86**

天空没有多余的星星

文/李云迪

李忠义是一个工人。

他没有值得炫耀的地方，活得也很艰难。他从小患有腿疾，走起路来一跛一跛的，个子不高，头发有些花白，近乎丑陋的脸上还有一块疤。因为腿疾，单位安排他当收发员，无非是分发报纸信件。李忠义是一个闲不住的人，他把自己的本职工作做好后，就常到工地去转转。技术活他插不上手，可他总能找到自己能干的活儿：道路坑洼他去填平，排水沟堵了他去疏通，散落的砂石他细心地积堆成方，散放的管材他整理成行。他眼里也总有活儿：夏日，酷暑难当，他主动去食堂帮厨，吃力地把解暑的绿豆汤担到工地，自己渴了却忍着不喝；冬日，他常常夜半巡视，生怕工棚生火酿成事故；每天清晨大家走出工棚，总会看到皑皑雪地上，那一串串高低不平的足印。

他文化不高，却在工地醒目的地方立起一块黑板，用他笨拙的双手，将每日新闻、安全警示和天气预报写在上面，虽然版面不尽美观，却很受工友欢迎。

别人有困难他跟着着急，别人高兴他跟着快乐，别人痛苦他也跟着痛苦。一次，一个工友半夜发烧，他背着工友顶着风雪去医院，跛着腿跑来跑去，整整陪护了三天，工友病愈出院了，他却病倒了，一病就是一星期。

大凡地位卑微的人，头就扬不起来；位尊显贵的人，头就低不下去。李忠义却在命运面前不低头，也从不抱怨生活对他的不公。他充实地、忙忙碌碌地打发每一天。用他炽热的胸膛温暖冬天，用他辛勤的汗水融化冰雪。一次，工会到工地放露天电影，放到一半时，风把银幕掀落，正在大家焦急之时，只见一个笨拙的身影，蹬着“巴驹子”攀上柱顶，吃力地把银幕重新拉好。电影又重新放映，场内响起掌声。

可就在那个冬季的一天，李忠义值了一宿夜班，不知是过于劳累，还是那天风雪太大，经过一个无人铁路道口时，竟被呼啸而来的火车刮倒，被人发现送往医院，人已经无救了。一个普通的平凡的生命，在一个朦胧的冬晨消失了。

送别的那天，工友们都来了，他们穿着汗渍的工装，甚至有的身后还背着工具，戴着安全帽，他们要最后送他一程，悼词写的是什么他们没有听到，哀乐从哪里飘来他们没有听到，听任奔涌的泪水顺颊而下，淋湿了衣衫，打湿了脚下的土地。李忠义需要休息了，他安详地合着双眼。那花白的头发在人们无尽的哀痛中，似乎还在微微抖动，像一朵成熟的蒲公英，飘飞在瑟瑟的寒风中。

他的生命太短暂了，没有壮怀激歌；他的人生太淡然了，没有光华闪烁；他的业绩太平凡了，没有风云叱咤。李忠义是一个工人，但更是一个好人，在工友的心中他就是一座山、一条河。

安置好李忠义，已是华灯初上。月光像撒了一地碎银，仿佛又见李忠义留在雪地上那高低不平的足印，弯弯曲曲伸向天际。李忠义走好吧！天空是一个和谐的大家庭，那么多的星星亲密地依偎在一起，不管大的小的，远的近的，谁也离不开谁，就是云彩遮住了它们，它们也会躲在云后熠熠发光。

天空没有多余的星星。

德商分析

一个平凡的甚至身体还有残疾的人离去了，犹如一棵大树上飘落的一片树叶，静静的。但因为他的勤劳和坚韧、富于爱心，他永远留在亲人和工友们心中。

德商借鉴

是星星，总会熠熠发光。

德商代表：**母亲**
关键词：**母爱无边**
德商指数：**84**

生日里的康乃馨

文/朱晓军

有一次，我到沈阳出差。早晨，母亲用毛巾包着几个煮鸡蛋进来说："今天是你的生日，来，妈给你滚滚运！"我犹若回到童年，转过身去，让母亲给滚运。

小时候，不论家里多么窘迫，每当过生日的时候，母亲都要给我们煮一个红皮鸡蛋。然后，母亲手握温热的鸡蛋给我们滚运，让鸡蛋在我们的头顶、后背、四肢和手心统统滚一遍。母亲说，这是滚红运，滚过运之后，这一年也就顺畅了。少不谙事，母亲滚运时往往会感到不耐烦。母亲滚完运，把鸡蛋交给我时，我就急忙磕破，剥皮，吃掉，似乎滚运是母亲的事，鸡蛋是属于自己的。

鸡蛋从我白发斑驳的头顶缓缓滚下时，突然一股暖流流过我的后颈、脊背，又流上肩膀、手臂……我想回头看看，瘦小的母亲已年过古稀，背驼了，腿弯了，怎么够到我的头顶，怎么让鸡蛋有力地在我的躯体上滚动呢？我想弯一下腰，让母亲不那么吃力，可是不能弯下，站着滚运不仅流畅，而且如同奔流的江水一泻千里。我知道只有昂首挺胸地站着才不辜负母亲这份厚爱。

母亲滚得十分认真细致，生怕疏遗。

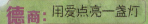

她那只像丝绸柔软而细腻的手已变得像枯枝似的僵硬粗糙，可是滚运的那一刻却遒劲有力。母爱是纯粹的、执著的、坚定的，像脐带上的热血在我的动脉流淌着，汇向心脏。我两眼溟溟，泪盈满眶。我不相信滚过运后会运交华盖，我想母亲也不会相信，她出身于大户人家，祖父是清朝的二品官。母亲有文化，当过妇产科医生，她用那双手不知将多少生命迎接到这个世界。母亲坚持数十年给我们滚运，是坚持着那种母亲特有的祝福。

第二年过生日时，我在距母亲 500 多公里外的哈尔滨。早起，我看着餐桌上一盘鸡蛋不由得站了起来，一股暖流在血液中涌动，似乎母亲站在我的身后，踮着脚在给我滚运，暖流顺着我的头顶流向身体，流到四肢。我突然想到，48 年了，每逢生日母亲都想着给我煮鸡蛋和滚运，我怎么就没想到表达我对母亲的感恩呢？我想送给母亲一个礼物，感谢母亲在这一天，冒着生命危险把我降生到这个世上，感谢 48 年来母亲给我的呵护和祝福。

我拨通了沈阳一位朋友的电话，恳请帮我买一束康乃馨，给母亲送去。

傍晚，朋友打电话说，母亲接到鲜花时目光流泻幸福，欢喜得像个孩子。母亲说，这是她这辈子收到的第一束鲜花。这一年母亲已 79 岁了，为什么早没想到给母亲献花？原来，让母亲欢喜和幸福是这么简单。

德商分析

虽然我已 48 岁，但在母亲眼中，我永远是她的孩子，是需要她呵护、关爱的孩子。母亲无私地奉献自己的一生，而 48 年来我却只知索取，从未回报。心血来潮的一束鲜花竟让母亲欢喜得像个孩子。母亲啊，我们怎样才能回报你伟大而无私，纯粹、执著而坚定的爱？

德商借鉴

母亲需要的是简单而平淡的聊天，需要的是有个孩子在身边静静坐着，哪怕不出声。没时间陪母亲，那就多打打电话吧，即使只是拉家常！

德商代表：**妈妈**
关键词：**爱在心底**
德商指数：**85**

宝贝，对不起

文/兵　兰

入冬的天气，微冷，一个人静静地坐在办公室傻傻发呆。因为是周末，事情不多，所以也想趁这样的日子偷偷懒。点击音乐盒，一首首低沉的旋律瞬间开始弥漫，一缕淡淡的忧伤也在这样无聊的日子里慢慢氲开。

微风，缓缓从窗棂的缝隙间飘洒进来，一室的静谧让从没如此闲过的我有点手足无措。起身，取了一杯温水握在手中，轻轻呡了一口，一股清甜的味道便漫延全身。喝完水，环抱双臂，头向后仰，斜靠着椅子继续发呆。

音乐盒里正播放着一首《宝贝，对不起》。听着，听着，眼眶开始湿润。还记得去年你的生日，我为你写了文字，就是用这首音乐作为日志中的主旋律。在今天这样寂静的日子听来，更是无法控制地想起了你。我的宝贝，对不起，不是不爱你。

或许，我把音乐中的歌词误解了，因为写歌的人本不是如此，不是写如我们般骨肉分离的母女。而我，却把它化解，化解成那一泓无法触及的母女深情。那一声声宝贝对不起，唱出妈妈想对你说的心语：宝贝，对不起，不是不爱你……

漂泊在南方这座城市十余年，习惯了这里的天气，就算是入冬，也并不寒冷。加上妈妈身边总会有一份份来自远方至诚至亲的关爱，让这个入冬的季节，更是温暖如春。宝贝，妈妈的心是温暖的，可一旦想起了你，心，却是沁凉的。

还记得昨日，妈妈趁忙完工作之余，打了电话给你。电话通了，一如既往是你接的。然而，电话那边的声音却是如此陌生，只听你弱弱地叫一声“妈妈”，伴着些许的沙哑。瞬间的反应，知道你可能感冒了。

心，就那么轻轻地疼了一下。而后我亲切地问你：“怎么了？怡儿，声音怎么这么带有磁性？”我希望用这样的方式逗逗你，也让自己微微放心一些。可你却轻声地对我说：“没有啊，妈妈。有磁性，怎么会呢？”

孩子终究是孩子，你童真未泯地问着我。在你的心底，或许真不明白磁性是属于一种什么样的声音。

不便于向你解释，我接着你的话说：“哦，妈妈说错了，妈妈问你是不是感冒了？”

“是啊，是有点感冒，早上起床都发不出声音了，奶奶帮我买了药，现在好些了。”你又轻轻地跟我说。

心，再次被深深地刺痛。记得年后妈妈跟爸爸回到这里，遥远的距离，每次在电话中叮嘱你，让你照顾好自己，你都回答我说：“好呢，妈妈，放心吧，孩儿已经长大，别担心，我不仅要照顾好自己，还要照顾好爷爷奶奶。”暖暖的心语，让我一次次感动淋涕。

如今，冬天来了，家里的天气日趋寒冷，你却感冒了。可妈妈，妈妈不能为你买一粒感冒药，不能亲自陪你去医院打点滴，不能为你保暖防寒……宝贝，对不起，真的对不起，在你需要妈妈的时候，妈妈总是不能陪在你的身边。

这一生，妈妈最大的遗憾就是没能做好一位称职的妈妈。天冷的时候，妈妈没能亲自为你添一件衣裳；饿了的时候，妈妈不能为你做一顿爱心餐；饱了的时候，妈妈不能拉着你的小手出去逛逛；开心的时候，妈妈不能与你一起分享……

宝贝，对不起，不是不爱你，妈妈只是为了以后的你生活得更加美好，为了让爷爷奶奶度过一个幸福的晚年，所以不得不继续奔赴在这条漂泊的旅途，让你继续做一名留守儿童。

电脑周边贴满了你的大头贴，如果我没记错，那还是你 4 岁时在外婆家照的。甜甜的笑颜，红红的嘴唇，弯弯的眉宇，大大的眼睛，圆圆的脸庞，看着你，妈妈真的好想伸手搂搂你，俯身亲亲你，我的宝贝。

好久没拥有如此安静的心绪，好久没为你写上一段文字，好久好久没见到你，我亲爱的宝贝。听着这首音乐，此时，妈妈又开始莫名地想你，你感受到了吗？感冒好些了吗？嗓子还疼吗？妈妈想你，担心你，你能心有灵犀吗？

宝贝，对不起，不是不爱你。爱，一直在，在心底。

德商分析

虽然为了生活，妈妈漂泊在外。但是为了孩子，为了父母能过上更好的生活。他们辛酸着，奔波着，忍受着，煎熬着……但无论何时何地，却爱着、牵挂着自己的孩子。

德商借鉴

绕过千山，跨过万水。孩子，愿你懂，希你珍藏，望你珍惜。奔波在远方的妈妈，她永远痛着你的痛。

德商代表：**“沉重的手”**
关键词：**甘心付出**
德商指数：**95**

拉科他部族的传统

文/〔韩〕明鲁进

在美国洛杉矶生活时，我找了一名摄影向导，他叫罗伯特·李，出生于美国印第安拉科他部落。一天，我去拜访罗伯特·李，他向我讲述了在拉科他部落里流传已久、令他引以为荣的传统。

在英国人踏上美洲大陆之前，部落里有一个人，他叫“沉重的手”。7岁时，“沉重的手”第一次狩猎。那天，他在村口与朋友玩耍时，突然看见远处有一只野兔，他便追了过去，不一会儿，他把野兔抓住了，朋友们都为他欢呼。

“沉重的手”把野兔送给他最好的朋友。奶奶称赞他说：“要想成为一名伟大的战士，你就要懂得为别人付出一切。”

在12岁时，“沉重的手”救出了一名被江水卷走的朋友，朋友的父亲为了表示感谢，送给他一对野牛角。野牛角是给狩猎者的最高奖赏，是只有战士才配拥有的珍贵东西。人们相信，拥有了野牛角就会拥有强大的力量。于是，“沉重的手”把野牛角送给了一个身体很弱的朋友。

15岁那年，“沉重的手”参加驯野马比赛。在大家的注视下，他沉着冷静地将一匹野马制服。在所有参赛的同龄人中，他的技术最为娴熟。酋长“看天空的眼”把一条用鹰脖子上的羽毛做成的围巾作为礼物赠给了他。人们相信，围上那条围巾，就会拥有超人的视力。几天后，他把围巾围在了一个少年的脖子上，因为这个少年的一只眼睛失明了。

20 岁时，“沉重的手”参加了部落的赛马大会，他又获胜了。这时，人们才明白，“沉重的手”再也不是一个青涩的少年了。那年秋天，他与村里最漂亮的姑娘“温柔的翅膀”结了婚，他们盖了漂亮的房子，辛勤地劳动，并且生下了两个儿子和一个女儿。

30 岁时，“沉重的手”成为代表部落的战士。他射箭百发百中，能够射中奔跑的驼鹿。他比任何人速度都快，力量更强，更富有智慧。他是一个负责任的家长，他不停地干活，竭力让亲人吃饱穿暖。他还经常采集蜂蜜、野果，从水中抓鱼，送给那些失去劳动能力的老人。

他高兴时，会把自己认为最重要的东西送给别人——这个人可能是失去父母的孩子、陷入困境的亲戚、痛苦之中的朋友或孤独的老人，有时甚至是陌生人。在与邻近部落举行宴会时，他会把狐狸皮制成的衣服送给孩子们；在妹妹结婚时，他送了一匹马给村里最贫困的人。在掷标枪比赛获胜时，在猎到一只森林狼时，在跳舞得到大家的喝彩时，他都会把自己财产的一部分送给别人。

在他 50 岁时，“沉重的手”被选为酋长，没有任何人反对。部落的人们为了祝贺他当上酋长，都聚集到他居住的帐篷里来了。人们进去之后，无不大吃一惊，里面除了一个破旧的瓦罐和一把破斧头外，一无所有。在他成为部落里最受人尊敬的人的时候，他也成了部落里最贫穷的人。

“每当发生了一件令人高兴的事情，战士总会把自己一个珍贵的东西送给邻居，这就是拉科他部落的传统。”罗伯特·李说完，递给我一件羊毛外套，“昨天我女儿在音乐比赛中获了大奖，而您是我今天的第一个客人。”

看到我接受了外套，罗伯特·李轻轻地笑了。那一刻我突然明白了，接受者的手越是沉重，给予者的心越是轻松。

德商分析

“要想成为一名伟大的战士，你就要懂得为别人付出一切。”“沉重的手”懂得为别人付出一切，他总是把自己认为最重要的东西送给那些失去父母的孩子、陷入困境的亲戚、痛苦之中的朋友或孤独的老人，有时甚至是陌生人。他在物质上可能是他们部落最贫穷的，但毫无疑问，他在精神上却是他们部落甚至世界上许多地方最富有的。

德商借鉴

一个人的贫穷与富有，绝不能单纯用金钱物质来衡量。精神上的富有才是真富有。

德商代表：**李国栋**
关键词：**父爱如山**
德商指数：**90**

舐 犊

文/段奇清

那是1991年的5月29日，庄稼地里的活儿正多，一大早他就与妻子下地了。快到中午时，有人慌慌张张从村里跑来告诉他：“你女儿出事了！”他与妻子赶紧回到家，发现女儿浑身上下满是燎泡，呈重度烧伤状态。原来，3岁的女儿在家中与小伙伴玩耍时，不慎点着了一个小汽油瓶，大火瞬间烧遍了她的全身……

夫妻二人赶紧将女儿送到医院治疗。可是，8个月过去了，伤口还结不了痂。这是烧伤治疗中并不多见的例子——由于女儿体质特殊，对抗生素有耐药性。那天，县医院的医生告诉他，他们已经无能为力了。不甘心的他开始抱着女儿四处求医，可是所有医院在了解了孩子的病情后，都婉言拒绝了。

他每天为女儿注射两支消炎针，以控制伤口感染，同时到处寻找民间治疗烧伤的偏方，期望有奇迹出现。

1994年6月的一天，他在外出做木匠活时，热心的主人把他介绍给了一位老中医。老中医告诉他：用舌头舔舐，可以促进伤口愈合。

他如获至宝。他开始舔舐女儿伤口时，对女儿说：“要是痛你就忍着点！”可他还是怕女儿忍受不住，就又哄着女儿说：“等到乖女儿的伤好了，就可以穿上漂亮的裙子了。”女儿果真强忍住了疼痛，而且还露出一丝笑容，说：“爸爸，你还要给我扎上蝴蝶结啊！”女儿对生活的美好憧憬更坚定了他要治好女儿的决心。

从此，为女儿舔伤成了他每天早晚必做的事情。一个月后的一天早晨，让他狂喜不已的结果出现了：女儿身上的伤口终于开始结痂了！

女儿8岁那年，身上的伤口已好了大半，他想到该让女儿上学了。从此，他每天早早起来熬好汤药，给女儿舔完伤口，再为女儿穿上干净的衣服，背女儿去上学。

就这样，他每天忍受着成百上千次舔舐动作带来的种种不适，6年过去，到了2000年，奇迹出现了，12岁的女儿身上再也不见一处伤口，原先的伤口处都是新生的肌肤。

这位父亲的名字叫李国栋，女儿叫李雪平。他们是湖南省龙山县石碑镇龙山村人。

时间的脚步到了2008年，李雪平参

加了高考。尽管因手被烧残书写较慢，但她依然以550分的高分被一所重点大学录取。

这时李国栋认为是应该告诉女儿她的身世的时候了。原来李雪平并非他们夫妇亲生，而是19年前他与妻子张玉文领养来的。在收养了小雪平之后，李国栋夫妇又陆续生了两个男孩，但他一直视小雪平为掌上明珠。在送李雪平上大学之后，李国栋的两个儿子因家庭经济困难相继辍学。

李国栋说，他毕生的心愿就是希望女儿能好起来，拥有正常的容貌。为了挣钱，李国栋想尽了办法。在一处采石场工作时，李国栋的右眼因发生意外而失明。之后，李国栋先后在广州、东莞、杭州等地打过零工。

2006年，李国栋还清了为女儿治病欠的债。

2008年李雪平上大学之后，每年的费用高达13500元，李国栋从来没有拖欠过。

15年来，李国栋从来没买过一件新衣服。

2010年7月，李国栋为女儿在长沙解放军医院做了第一次整容手术。

舌头是用来说话的，是用来品尝食物味道的，李国栋却硬是用自己的舌头书写出了一部震撼人心的父爱神话。

德商分析

浑身上下满是燎泡，看看就让人害怕，可作为养父的他，硬是用舌头舔舐了6年；为了养女能上大学，狠心让亲生儿子辍学，还花巨款为女儿做整容手术。这一切只源于无私而伟大的爱。

德商借鉴

舌尖上的爱，书写父爱传奇。

德商代表：**撒切尔夫人**
关键词：**关爱、宽容**
德商指数：**86**

作之不止，乃成君子

文/姜钦峰

在许多场合，李敖都提到过一个小故事。

有一次，撒切尔夫人在首相官邸宴请贵宾。宴会进行到中途，一个年轻的女服务员上来给众人分汤，每人一份。当她把汤捧到一位内政大臣面前时，一不小心竟把汤碗打翻，滚烫的汤汁全都洒了出来，内政大臣猝不及防，衣服弄脏了不说，手也被烫伤了。女孩子吓得不知所措。这时，撒切尔夫人赶紧跑过来，抱住那个惊惶失措的女孩子，拍着她的肩膀说："亲爱的，这种错误我们每个人都会犯，你不必难过！"安慰完女孩子后，她才去慰问那位受伤的内政大臣。

德商分析 当服务员不小心把汤汁儿洒在内政大臣手上，撒切尔夫人作为宴请贵宾的主人，她没有大发雷霆，而是先安慰受惊的女孩，再去安慰受伤的内政大臣。细微处见真情。这是何等宽容而大度的情怀。

撒切尔夫人这个小小的举动，令李敖五体投地，敬佩万分。

有意思的是，个性张扬的李敖好不容易找到一个自己崇拜的人，偏偏又遭到质疑。在一次采访中，李敖向记者说起撒切尔夫人的故事，哪知记者并不感动，反而当面表示质疑："我觉得这都是做给别人看的，在那样的公共场合，假如换成我，我也会这么做。"

李敖点头笑答："作之不止，乃成君子。"

这句话出自《资治通鉴》。魏国国君安釐王问孔斌，谁是天下高士？孔斌说："世上根本没有完美无瑕的君子，如果退而求其次的话，那么鲁仲连勉强算一个。"安釐王摇头道："鲁仲连恐怕也算不上，此人表里不一，他的行为举止都是强迫自己做出来的，并非本性的自然流露。"这时候，孔斌说了一句挺经典的话："作之不止，乃成君子。"人都是强迫自己去做一些事情的，管他真心还是假意，假如能不停地这么做下去，到最后习惯成自然，就成了君子。

德商借鉴 不管真心还是假意，但能把一种德行一直做下去，成为君子就会是自然而然的事。

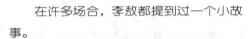

德商代表：**老人**
关键词：**人间大爱**
德商分数：**88**

一个永不公开的秘密

文/羽 毛

四川什邡。一片废墟中，有一位老人坐在一块大石头上。这是什邡市附近的一个小镇——煤场遗址。汶川大地震中，这个煤场瞬间倒塌，巨大的烟囱从高空坠落，满地都铺了红砖。老人就是“煤场老板”雇的，收拾整理旧砖，一块砖能得六分钱。

他已经58岁，双鬓斑白。只身从重庆来这打工，住在废墟旁边一顶潮湿闷热的帐篷里。他笑着对我说：“我的孩子才9岁。刚读三年级。我得给她挣学费。”

说着，他掏出了一个学生证，打开给我看。一个小丫头正看着我，童花头，大眼睛，一脸孩子式的严肃。他告诉我，这是他捡来的孩子。

9年前，他像往常一样牵着牛出门。在小路上，他听见孩子的哭声，奶声奶气的。他循着哭声走过去，是个小婴儿，包在破破烂烂的一块蓝布里，搁在一棵矮树下。有张小纸条扎在上面：7月1日凌晨3点出生。算了算，刚出生5天。他掏出兜里的西红柿，撕掉一块皮，搁在婴儿干裂的唇上，她使劲地吮吸，脸都涨红了。他抱着她，舍不得放下，就这样抱回了家。

为了孩子，他第一次出山打工。干过矿工、建筑小工、捡垃圾、看车；被不懂事的小青年推搡过，在天桥下裹着麻袋睡过，大风大雨里也赶过路。挣的钱，他给孩子买小花裙子，买书包，买毛毛熊，交学费，却舍不得给自己买一包解乏的烟，因为“最便宜的一包也要一块多”。

孩子不知道自己是捡来的，老人说这是全村的一个秘密，而且永远不会公开。

他悠然地吐完最后一个烟圈，开始弯腰干活，在杂乱的废墟中清理一块块红砖。我看着他的背影。按下了相机快门。除了地震孤儿，每天都有孩子被遗弃，但只有极少数的孩子，会遇到他（她）的天使。

那位孤苦的老人，浸透了尘世最底层的污渍，却心灵雪白，满怀爱意。我们虽然做不到他那样，但至少看到这样的尘世天使，便会心存敬畏。

德商分析

看似简单的行为，却需要极大的勇气和爱的付出。老人的无私，浸透了尘世最底层的污渍，让人感动，更让人敬畏。

德商借鉴

没有太阳，花朵不会开放；没有爱便没有幸福；没有父母也就没有爱，有爱的孩子，才是最幸福的。

德商代表：**两兄弟**
关键词：**平等互爱**
德商指数：**86**

兄 弟

文/扎西拉姆·多多

印度的乞丐和印度的神牛一样知名，同样是满大街游走，又同样地以一种主人翁精神悠然自得。

在正觉寺外的大街上，你可以看到刚出生不久、还在母亲怀里的小乞丐，有用手代替两条因小儿麻痹而严重萎缩的腿在地上“健步如飞”的大乞丐，还有老得不能动连吆喝都懒得吆喝的老乞丐。从他们身边走过，会有一种绝望的难过——仿佛他们的整个一生都已经在这条街上铺开，他们的人生从一出生就已经看到了尽头。而很多当地的小孩子即使他们也有自己的“工作”，或者擦皮鞋或者帮忙送货，当有外国游客经过时，他们会随时变成乞丐，大方地向你伸出手来——“乞丐”在印度是一种因种姓而世袭的职业，最让人绝望的就是这一种坦然。

所以，当那对小兄弟出现在我的房间门口时，我的第一反应是：一对小乞丐。他们一高一矮，大约五六岁的模样，从门外探进半个身子，小声地说：“Hi. How are you? May I come in？”然后笑了，那不是小乞丐们献媚讨好的笑，而是害羞却真诚的笑。这个笑容，让我觉得也许他们并不是乞丐，因此让他们进了我的房间。他们进来后却站得直直的，生怕碰到房间里的任何东西，当然，也没有向我索要任何东西。

我问他们其中一个：“你们是兄弟吗？”他说是。我指着高一点的那个小男孩说：“你是哥哥？”“哦不，我是弟弟，他才是哥哥。”我们一起笑了起来，两个小男孩也渐渐不那么拘谨了。我让他们坐到床上，递给他们一人一小包巧克力，他

们礼貌地说着谢谢却没有马上拆开。矮个子哥哥在高个子弟弟耳边嘀咕了一句，两个小孩转身就走了。我于是转过身继续收拾琐碎的行李。过了一小会儿，这对兄弟又出现在我的门口：“Hi, how are you? May I come in?”又是同样的一句。我笑着说：“当然，进来吧！欢迎！”这时候，弟弟伸过来一只手，在我面前摊开说：“送给你的。”

那是一个油腻腻的小盒子，我拿过来打开一看，是一小盒已经用了一半的清凉油。我问他：“为什么送我东西？”哥哥说话了：“因为你送给我们礼物了。”这一次，我彻底意外了，在印度我只遇到过理所当然向你要钱的乞丐和收了钱不肯找赎的小贩，从来没有遇到礼尚往来的人。在这对小兄弟面前，我开始为自己对印度人过早下的定论感到愧疚。所以虽然那小半盒清凉油对我来说没什么用，我还是十分感激地收下了。弟弟问我：“明天还可以来找你玩吗？”我说：“当然可以，随时欢迎！”

第二天，参加完当天的法会回到房间，两个小兄弟已经等在了门前，身边还多了一个裹着一条大毛巾、光着脚的小妹妹。他们说她是他们的小妹，并不会说英语，家里就他们兄妹三个。我把他们请到房间里，让他们看我的数码照相机。哥哥小心地摸着照相机感叹：“这么小，你看看，竟然这么小！”临走的时候我给他们每人抓了一把花生放到怀里，兄妹三个相视而笑，一脸幸福。第二天，兄弟俩在楼梯口拦住了我，哥哥从上衣口袋里掏出一样东西递过来：“这是给你的礼物。”我仔细一看，是一个徽章。我问他这是什么？弟弟抢着说：“是我们的校徽，但是现在坏了，不能戴在衣服上，只能放在手上看。”我说：“噢！那你们今天为什么不去上学啊？”哥哥说：“我们没学可上了，爸爸的手断了，我们要帮爸爸干活，妈妈留在家里照顾妹妹，没有工作。但是我们有校徽，我们是上过学的。”天啊，为了三把我吃不完的花生，他们竟然将最最心爱的校徽送给我，作为回赠！我连忙说：“那你们应该好好留着这个校徽才对。”兄弟俩一起说：“不。”哥哥补充道：“你送了我们礼物，这是你的礼物。”我想我应该收下，谁能拒绝两颗真诚的童心，谁又忍心破坏他们所坚持的美德呢？我只好对他们说：“谢谢，我一定会好好保管的！”

从那天之后，每次给这三兄妹小零食或者小礼物我都特别地小心，生怕自己用那些无足轻重的东西，换走了他们最宝贵的收藏。但是几天下来我还是陆续收到了他们送我的一堆碎玻璃和一朵布做的小小玫瑰花。还记得当兄弟俩将那一小把碎玻璃放到我手上之后，用一根小手指，轻轻拨弄着，嘴里发出由衷的赞叹：“看啊，多漂亮，就像是钻石！”是的，我收到了，但我收到的，是比钻石还要宝贵的礼物。我禁不住想象，他们该有着一位怎样的伟大母亲，虽然没有钱让他们去上学，甚至没有钱给小女儿做一身衣服而让她整天裹着一条大毛巾，却教给了他们善良、感恩、正直和对生活的欣赏与热爱——这世上最价值连城的财富。我不知道该怎样向那位母亲致敬，将我带来的所有全送给她都不足以回报她通过这对小兄弟带给我的感动。但是我知道，钱对于这个贫穷的家庭，是最实际的帮助。所以我从钱包里拿出一张五百卢比，放到哥哥的手里，对他说：“把这个交给妈妈好吗？不要自己拿到街上去，直接给妈妈，好孩子。”

第二天，我正在露台上晾衣服，弟弟在我身后轻轻地喊了一声：“Hi. How are you? Can you pray with us?”我愣了一下：和他们一起祈祷？他们是印度教徒，我怎么会懂得他们的祈祷？而且，我是佛教徒……正在犹豫的当下，他乞求的眼神已经把我说服，我答应到：“好啊，为什么不？”他高兴地转身跑开了。我正在纳闷，不一会儿哥哥和妹妹都来了，手里拿着一幅类似羽毛球拍的拍子，说：“Let's play!” 哦，原来是我听错了，不是 pray（祈祷），而是 play（玩），他们是希望我陪他们一起玩！

那一个下午，我们四个人，在 Happy Guess House 顶层那个到处都是突出的钢筋和碎砖头的大露台上尽情地玩着那个简单的游戏，孩子们的笑声在嘈杂的菩提迦耶镇格外的清晰。在天全黑之前，我开始明白，真正的佛法只有一个主题，就是平等无别，而全世界最美丽的祈祷，就是真诚的欢笑。

德商分析 在几乎所有人都坦然地接受乞丐是一种因种姓而世袭的职业时，贫穷的两兄弟却在崇尚礼尚往来，多么难能可贵。兄弟俩给我的回礼虽然对我来说毫无用处，但我仍然愉快地接受了孩子们纯真的童心，并愉快地和孩子们玩耍，人与人之间就应该平等互爱，做一个充满爱心的人。

德商借鉴 珍惜人与人之间的真挚情感，善待生活，就会感到生活的充实，就会笑傲人生。

德商代表：**法官**
关键词：**以人为本、关爱他人**
德商指数：**86**

香港法官与流动小贩

文/闾丘露薇

一名香港的流动小贩在街边卖雪糕，为了多做点生意，附带卖起了棒棒糖。小贩原本开一家小店做小生意，但是租金年年涨，生意再也做不下去了。他和太太都是残疾人，找工作难，但是又不愿意拿政府失业援助，想自食其力，于是申请了小贩牌照，每个月能赚上6000多元，维持生计。

生意做了不到半年，他被政府的食物卫生环境局告上了法庭，他被指控阻塞交通以及贩卖未在牌照指定范围内的商品——棒棒糖。不过在法庭上，法官责备控方只因为小贩卖了30支棒棒糖就控告他，实在是处事缺乏弹性，建议执法者应该酌情处理，先劝谕警告，屡劝无效后再上法庭。不过控方认为，如果纵容犯法行为，对其他的小贩不公平，而且会让执法人员无所适从。

最终法官认为，小贩刚刚入行，缺乏经验，而且没有案底，案情又不严重，轻判罚款100元。这位1972年出生的法官说，能够不顾炎炎烈日在街头摆摊，其实是好事情。他亲自向小贩解释牌照的要求，并且强调政府执法是为了保持街道整洁，并非为难他。他鼓励小贩，让他不要因为这次检控而影响工作，还承诺，如果自己正好经过他的小摊，一定会去帮衬。

几个星期后，法官遵守承诺，来到他的摊位前买了一瓶矿泉水，并且让他不要泄气，努力工作。

好像在看电影：一个背负生活压力的底层百姓，遇到铁板一块的执法人员，在一位仁心仁意的法官面前，原本沉重冰凉的现实变得有希望。这样的故事，看得人心里面暖暖的，而且，这不是电影。

德商分析

以人为本，关爱他人，这就是传说中的“法网柔情”。法官仁心仁意，值得尊敬，值得所有“冷面”执法者学习。

德商借鉴

威信不是靠铁面无情树立的。以德树威，以情立信更可取。

德商代表：**祖母**
关键词：**爱心呼唤**
德商指数：**87**

祖母的呼唤

文/牛　汉

在一篇文章里，我说过“鼻子有记忆”的话，现在仍确信无疑。我还认为耳朵也能记忆，具体说，耳朵深深的洞穴，天然地贮存着许多经久不灭的声音。这些声音，似乎不是心灵的忆念，更不是什么幻听，它是直接从耳朵秘密的深处飘响出来的，就像幽谷的峰峦缝隙处渗出的一丝一滴丁冬作响的水，这水珠或水线永不枯竭，常常就是一条河的源头。耳朵幽深的洞穴是童年牧歌的一个源头。

我 14 岁离开家乡以后，有几年十分想家，常在睡梦中被故乡的声音唤醒，有母亲急促而沉重的脚步声，有祖母深夜在炕头因胃痛发出的压抑的呻吟。几十年之后，在生命承受着不断的寂闷与苦难时，常常能听见祖母殷切的呼唤。她的呼唤似乎可以穿透几千里的风尘与云雾，越过时间的沟壑与迷障：“成汉，快快回家，狼下山了！”我本姓史，成汉是我的本名。

童年时，每当黄昏，特别是冬天，天昏黑得很突然，随着田野上冷峭的风，从我们村许多家的门口，响起呼唤儿孙回家吃饭的声音。男人的声音极少，总是母亲或祖母的声音。喊我回家的是我的祖母。祖母身体病弱，在许多呼唤声中，她的声音最细最弱，但不论在河边，在树林里，还是在村里哪个

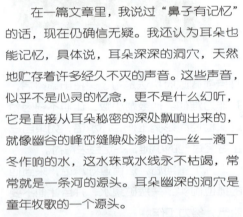

角落，我一下子就能在几十个声调不同的呼唤声中分辨出来。她的声音发颤，发抖，但并不沙哑，听起来很清晰。

有时候，我在很远很远的田野上和一群孩子逮田鼠、追兔子，用锹挖甜根苗（甘草），祖母喊出第一声，只凭感觉，我就能听见，立刻回一声："奶奶，我听见了。"挖甜根苗，常常挖到一米深，挖完后还要填起来，否则大人要追查，因为甜根苗多半长在地边上。时间耽误一会儿，祖母又喊了起来："狼下山了，狼过河了，成汉，快回来！"偶然有几次，听到母亲急促而愤怒的呼吼："你再不回来，不准进门！"祖母的声音拉得很长，充满韧性，就像她擀的杂面条那么细那么有弹力。有时全村的呼唤声都停息了，只要野成性的我还没回去，祖母焦急地一声接一声喊我，声音格外高，像扩大了几十倍，小河、树林、小草都帮着她喊。

大人们喊孩子们回家，不是没有道理。我们那一带，狼叼走孩子的事不止发生过一次。前几年，从家乡来的妹妹告诉我，我离家后，我们家大门口，大白天，狼就叼走一个两三岁的孩子。狼叼孩子非常狡猾，它从隐秘的远处一颠一颠不出一点声息地跑来，据说它有一只前爪总是贴着肚皮不让沾地，以保存这个趾爪的锐利，所以人们叫它瘸腿狼。狼奔跑时背部就像波浪似的一起一伏，远远望去，异常恐怖。它悄悄在你背后停下来，你几乎没有感觉。它像人一般站立起来，用一只前爪轻轻拍拍你的后背，你以为是熟人跟你打招呼，一回头，狼就用保存得很好的那个趾爪深深刺入你的喉部。因此，祖母常常警戒我：在野地走路，有谁拍你的背，千万不能回头。

祖母最后的呼唤声，带着担忧和焦急，我听得出来，她是一边吁喘，一边使尽力气在呼唤我啊！她的脚缠得很小，个子又瘦又高，在一米七以上，走路时颤颤巍巍的，她只有托着我家的大门框才能站稳。久而久之，我家大门的一边门框，由于她几乎天天呼唤我回家，手托着的那个部位变得光滑而发暗。祖母如果不用手托着门框，不仅站不稳，呼唤声也无法持久。天寒地冻，为了不至于冻坏，祖母奇小的双脚不时在原地蹬踏，她站立的那个地方渐渐形成两块凹处，像牛皮鼓面的中央，因不断敲击而出现的斑驳痕迹。

我风风火火地一到大门口，祖母的手便离开门框扶着我的肩头。她从不骂我，至多说一句："你也不知道肚子饿。"

祖母离开人世已有半个世纪之久了，但她那立在家门口焦急而担忧地呼唤我的声音，仍然一声接一声地在远方飘荡着：

"成汉，快回家来，狼下山了……"

德商分析 半个世纪已经过去，但祖母的呼喊还在耳边回响。祖母的爱已沁入作者的心中。祖母的爱，无法割舍，无法忘却，已然成为作者生命中的一部分。

德商借鉴 亲人间的爱是命运给予的一种使命，是自己赋予自己的一种责任。

德商代表：**父亲**
关键词：**尊重、宽容**
德商指数：**83**

猎人的证明

文/凸凹

作为猎人的父亲，虽然猎取了很多猎物，但是，多年来他一直认为，自己尚未找到能够说服自己的价值证明，猎人的身份是可疑的。

譬如他打松鼠。因为松鼠啮啃人类的干果，被列入“四害”行列，所以每打一只松鼠，队（村）里给记两分半的工分。他只需把松鼠尾巴交到队上，证明一下即可。他虽然每天都要打十几只松鼠，业绩可观，但他依然找不到昂扬立身的感觉。因为松鼠的皮每只他可以卖上二分钱，松鼠的肉身可以剁碎了汆丸子吃，自己所得甚多，总感到有些惭愧。

譬如他打猪獾。猪獾出没在籽实饱满的玉米地里。别看它是爬行动物，只雏狗般大小，玉米庄棵之高大，和它矮小的身量相比就像一棵大树，但它会凭着坚韧的毅力，用臀部一点一点地把庄棵“骑”倒，直到能吃到那只硕大的包谷。它吃得很肥，曲线优美。因为践踏人类，便美得刻毒，人人喊打。猪獾几乎满身油脂，其油脂是治烫伤和哮喘的名贵药材，可以卖到供销社去换米面油盐，同时还可以用于烹饪，炒出的菜奇香，味飘邈远。糟蹋的是队里的庄棵，肥腻的却是自家的锅铲，虽然并不要队里记工分，但依旧觉得很羞愧。

直到他猎到了一只雪狐，经历了一番特别的较量之后，他才获得了身份的确认：无论如何，自己是一个真正的猎人了。

一般的狐狸，都是赤色和褐色的，只有这只狐狸通体的白，夜幕之下更显得白，像雪一样，有荧光扑闪。一般的狐狸是不侵袭家禽的，而这只白狐专攻击当地人的兔笼鸡栏。它行为古怪，跳进鸡舍之后，把小鸡全部咬死，最后却仅叼走一只。它于夜半更深时潜入家兔的窝棚，把数十只温顺的小兔统统杀死，竟一只不吃，一只不带，空“手”而归。且在村口的石碾上，呕叫一番，那叫声像小孩夜哭，刺人魂骨。它是在向人的温厚和尊严示威。

村里的猎人便都投入到捕杀行列，好像这只狐是天赐的一个价值标杆，高矮就在此一举。他们埋地夹、下暗套、设陷阱，种种技法一应俱全，却全被白狐躲过了，应验了老辈人的一句俚语：人老奸，马老滑，狐狸老了不好拿。

技法失效，人心失衡，其他猎人觉得这是一只精怪，已被上天护佑了，非人力所能为，便纷纷放弃了追逐。

父亲登场。他不用技法，用的是传统的蹲守，他把制胜的玄机交给了时间深处的等待。一年四季的等待，与白狐自然有多次相遇，但他都放过它了——他要让机警的狐狸放弃机警。

当过分得意的白狐站在石碾上无所顾忌地自由歌唱的时候，猎枪骤响。

受伤的白狐，逃命时再也没有了往日的敏捷，身后的猎人反倒迅疾如飞。这是一次不对等的追逐，白狐很快就被人撵上了。最后的时刻，白狐拼命竖起尻尾，施放出一股刺鼻的气体。恶臭让人的呼吸窒息，父亲凝固在那里。

意识恢复之时，白狐已杳无踪影。但父亲不曾犹豫，以更坚定的信念撵了上去。白狐现身，且陷入决然的困境——它被猎人预埋在羊肠小道上以捕猎山羊的地夹夹住了一条腿。它回望着父亲，在黑洞洞的枪口下，最后的哀鸣，凄厉的声音撕破了夜空。

扣在扳机上的手指竟然迟疑了。白狐好像感到了，它拼命地撕咬那条被衔在地夹中的腿，决然地咬断了，然后不失时机地跌进更深的夜色中。

这一幕，深深地震撼了父亲。虽然那个身影移动得很摇摆、很艰难，长久地置身于他猎枪的射程之下，但是，他把手指从扳机上挪开了。他觉得那个畜生值得活下去，因为它让他油然生出敬畏。

父亲尊重了白狐的求生意志，在放生的同时，父亲也成就了他猎人的尊严。人与畜，毕竟是不一样的：畜道止于本能，而人伦却重在有心。

德商分析

一只白狐受了重伤，为了活命，不惜把自己的腿咬断来保住性命，然而一个真正的猎人不在于“猎”，而在于“人”。再聪明、狡猾和强势的畜生，它的一切行为也都是出于本能，而人类是有思想、有灵魂的，人类区别于动物最重要的一点就在于伟大的人性。

德商借鉴

人性之所以伟大，就在于人类能够超越功利与得失，懂得悲悯、敬重与宽容。

德商代表：**5 位学报编辑**
关键词：**爱心**
德商指数：**88**

虚职实爱

文/星 竹

一位原本家境就很贫寒的女大学生，从遥远的乡下来到北京上学还不到10天，家中就传来噩耗，父母姐妹在制作花炮的过程中，竟然在一声爆响里全被炸死了。家中房倒屋塌，不剩片瓦。从此女大学生举目无亲，再也没有一分钱的来源。

她含着眼泪向学校提出退学。看来这是唯一的办法。老师问她以后打算怎么办，她说家中有一亩一分地的水田，还有一头老牛。19 岁的她面临着另一种生活，回家种地，做一名乡野农妇。

老师听罢同样哭了，同学们也在迅速地为这名还来不及熟悉的同学赞助车费。可转天老师告诉她，说我爱人在学报工作，编辑部正需要一人看稿，一月 350 元。其它的我们再想办法。

她没有想到人逢绝路，又生出这样一线希望。她点点头，再次流出了泪水。

于是，她入学 10 天便成了一名学报的编辑。当然是业余。学校 8000 人，学生 6500 人。学报 10 天一张，稿子不多，她常没得看，但工资照发，月月 350 块。报社 5 个人，老张、老王、小李……人人都对她很好。她因课紧不能天天都去报社，居然没人找她。就是看稿也十分简单，改改错字，提些意见。她一度以为，做学报编辑真是轻松。

时光飞逝，落雨过去，又是落雪，4 年的大学生活一晃过去了。她始终不知道，4 年中的每月 350 块，并非学报所发。而是 5 名编辑人员从工资里均摊给她。她更不知道学校并不需要这样一位看稿编辑，一切都是为她专门设立的。

4 年，没有人说破这个秘密，4 年，她日日蒙在鼓里。她离校的那天，学报的全体编辑与她合了影，从此，她的相片高高地挂在编辑部的墙上。她走了，5 位编辑突然觉得空落。到发工资的时候，他们已经习惯了将每月工资取出一部分，摊在一起，习惯了这种安慰与自我心灵的净化。

德商分析

5 位学报编辑“习惯了将每月工资取出一部分，摊在一起。习惯了这种安慰与自我心灵的净化。”他们认为献出爱心，原来是一种人生的收获和乐趣。他们是一群有爱心的乐于助人的正直之士。

德商借鉴

正直为吾人最良之品性，且为处世之最良法，与人交接，一以正直为本旨。正直二字，实为信用之基。

德商代表：**哈尼族接骨医生**
关键词：**善良**
德商指数：**84**

善良的回馈

文/代连华

在云南的少数民族聚集地，生活着智慧的哈尼族人。

哈尼族有位著名的接骨医生，他的医术很高超，自配的接骨草药有着神奇的疗效。然而他的医术却并非祖传，而是一次善良之举，让他成为神医。

有一年，他背着背篓去采药，在一处断崖旁没有抓牢，失足跌下了悬崖，好在悬崖不太陡，他只是摔断了一条胳膊。

医生挣扎着起身，寻找带来的那把柴刀。柴刀离他不远，忍着痛走过去，却发现柴刀落下来时，恰好砍中了一条蜈蚣。医生捡起那条断成两截的蜈蚣，放在已经有点压扁的背篓里，因为蜈蚣也是一种珍贵的药材。

胳膊上的疼痛阵阵袭来，医生坐在草丛里，准备休息一下再走。这时脚边竟然又爬过来一条蜈蚣，围着他转来转去而不肯离去。医生很奇怪，蜈蚣见人总是要逃掉的，这条蜈蚣却不怕人。

因为手臂疼，医生没有去捉那条蜈蚣，而是歇息了一会儿往家走。奇怪的是，每次他坐下来休息，都会看到那条蜈蚣爬过来。医生蓦然想起，背篓里那条断成两截的蜈蚣，一定是它的伴侣。

医生心生善念，从背篓里把那条断成两截的蜈蚣拿出来，放在草丛里。那条蜈蚣急忙爬过去，围着断成两截的蜈蚣嗅了嗅，竟然转头爬进草丛，医生奇怪地坐在那里观察着。

不一会儿，那条蜈蚣又爬了回来，嘴里噙着一片嫩绿的叶子，它用嘴把断成两截的蜈蚣首尾相连，然后把嫩叶覆盖在那条蜈蚣连接处的上面，自己静静地守候在旁边。

大约半个时辰之后，那条断成两截的蜈蚣竟然连在了一起，慢慢地蠕动了几下，然后和那条蜈蚣一起爬进了草丛。哈尼族医生顾不得疼，马上在附近寻找起那样的嫩绿叶来。然后他用那种叶子给自己接骨，一段时间后，竟然痊愈了，那种神奇的草药就是现在的接骨草。

德商分析 哈尼族医生善待蜈蚣，无意之中得到了一种治疗断骨的良方，既治好了自己的断臂，也给世人带来福音。

善良的、正直的、心里充满着爱的人总会给自己和他人带来幸福。**德商借鉴**

德商代表：**朱德庸父亲**
关键词：**爱心宽容**
德商指数：85

好猫与烂虎

文/朱　晖

有一个男孩儿，多年来一直是班里的差等生。他非常希望能向那些成绩好的同学看齐，也一度非常刻苦，但成绩就是上不去。从小学到中学，因为成绩实在太糟糕，他被不同的学校像皮球一样踢来踢去。经过父母的多次恳求，一所很差的学校才勉强同意接收他。

他的自尊心受到极大的打击。终于有一天，他问父亲：“我是不是很笨？”父亲说：“当然不是。”“那为什么无论我如何努力也赶不上其他同学？”父亲无语，只是慈爱地摸摸他的头。父亲心里清楚，儿子一点儿都不笨，只是天生对文字和考试之类的事很迟钝，但怎样跟儿子解释呢？

男孩变得越来越自闭，平常总是待在自己的小屋内，不与外界发生联系。有一天，父亲发现他的床头铺满图画，很是好奇，翻开看看，顿时哭笑不得。原来，儿子把在学校所受的委屈和打击全都发泄在画纸上。画里，有他的老师被西瓜皮滑倒，有同学被马蜂狂追……看着看着，父亲突然眼前一亮，然后把散落在床头的画一张张叠好，用夹子夹整齐。

男孩的成绩依然很差，父母经常被老师叫去训斥。但是，父亲从来没有训斥过儿子，任由他躲在自己的世界里自由自在地画画。由于担心儿子孤独，父亲还特地买了一只宠物猫送给他。时间长了，男孩

反而觉得奇怪，问父亲："是不是你也对我彻底丧失了信心，决定不管不问？"父亲沉默良久，说："周末我带你到动物园玩玩吧。"

那天，动物园里游人如织，很多人围在一只威猛的老虎面前欣赏。父亲也带着儿子走了过去。这期间，父亲回答了儿子的问题。

回来后，男孩心情大好，从此专心致志地把漫画当做一生的追求。25岁那年，他成为漫画界最受欢迎的人物，《双响炮》《涩女郎》等作品红遍东南亚。他就是朱德庸。

多年后，他到大学演讲，提到了小时候在动物园父亲讲的那段话："人和动物一样，都有各自不同的天赋。老虎强壮，善于奔跑，猫则温顺、灵敏，猫虽然不能像老虎那样威风和霸气，但也具备老虎不具备的天赋与本能——它能上树，能抓老鼠。人们都希望成为老虎，但很多人是猫，久而久之，在妄想变成老虎的过程中绝望。儿子，你天生对文字迟钝，但对图形却非常敏感，为什么放着优秀的猫不当，而偏要当很烂的老虎呢？我不希望你成为一只烂老虎，我相信你一定能成为一只好猫！"

德商分析

每个人都有优点和缺点，要学会发扬自身的长处，来弥补自身的不足。朱德庸的爸爸从没责备孩子的成绩不好，而是对孩子充满了信心和爱心，对孩子的"成绩差"也表示出了极大的宽容，正是因为这种慈爱，使孩子走向了成功。

德商借鉴

我们在和别人相处时，应该学习别人的优点，宽容别人的缺点。才能相互取长补短。

德商测试

DESHANG CESHI

测试 爱心指数

有一天，你家的门铃响了，你猜外面是什么（ ）

A. 一个向你乞讨的老爷爷和一个小孩

B. 一个戴墨镜的男人

C. 亲戚

D. 一个流浪狗或流浪猫

测试结果

选 A：爱心指数 100%。你是一个乐于助人的人，你非常乐意帮助有困难的人，愿意为人民服务！

选 B：爱心指数 10%。你是一个胆小害怕的人，你对世界的一切都非常冷漠！请改正缺点！

选 C：爱心指数 20%。你是一个贪财的人，你非常渴望亲戚马上买东西给你，过新年时给你钱。或许你是一个非常喜欢热闹的人。

选 D：爱心指数 98%。你是一个爱动物的人，哪怕它们只是被雨淋湿，你也一定非常紧张！

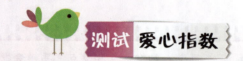

第四章 感谢每一缕阳光

我们每个人都应该学会感恩。

感恩父母给我生命，感恩家庭给我温馨，感恩老师给我智慧，感恩朋友给我友谊，感恩合作伙伴助我们成功，感恩工作锻炼了我的能力，感恩对手让我在竞争中成长，感恩大自然养育我生命，感恩祖国给我爱的天空……我们感恩万物，感恩世界上的一草一木，应该用感恩书写着自己的幸福情怀。

感恩是一种心态，它能让我们乐于面对人生每个阶段面临的各种境遇；感恩也是一种素养，它能让我们在与人交往过程中更多地影响身边的人；感恩更是一种境界，只有真正常怀感恩之心的人，才能体会到生活的美好。

德商代表：**土花狗和它的主人**
关键词：**知恩图报**
德商指数：**80**

一条找不到家的土狗

文/阎连科

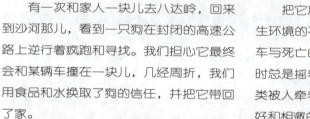

有一次和家人一块儿去八达岭，回来到沙河那儿，看到一只狗在封闭的高速公路上逆行着疯跑和寻找。我们担心它最终会和某辆车撞在一块儿，几经周折，我们用食品和水换取了狗的信任，并把它带回了家。

它是一只黑白相间的花公狗，土著，有 40 厘米高。从它的体态、胖瘦和对人的信任来看，可以肯定它不是一条流浪狗。流浪狗的目光都是警觉而又乞求的，而它在吃了蛋糕喝了水后，那目光中的警觉很快就消失了，只剩下一些焦虑和不安。由此可以判断，它是一只有家、有亲人的狗。

把它放在我家院落里，它除了身处陌生环境的不安外，没有了在高速路上对汽车与死亡的焦虑和紧张，看到我们一家人时总是摇着尾巴，舔我们的手。看到有同类被人牵着在院子里溜达时，它会发出示好和相邀的叫声。

狗对家是有超强记忆能力的。几年前，报纸上曾登过一则消息说，有一个人用汽车把一只狗从北京拉到几百公里外的唐山，结果那狗过了 20 多天，又从唐山跑回了北京家里。由此我推测，土著花狗眼神中的不安和陌生，其实是对主人的思念和怀想。

果然，在我的观察中，这只土花狗每

天半夜都在喝完半盆水后离开我家，走出院子，不知去了哪里。天亮前，它又精疲力竭地回来，卧在我家院里，一脸的失落。

就这样，半月后的一天早上，我起床出门，发现它没有如往日那样疲惫地卧在食盆边上，直到中午、晚上它都没有回来。

从那以后，每天早上，一家人无论谁先起床，都要首先开门看一看，院里的那棵椿树下是否卧着一只土生土长的大花狗……随着时间的昼走夜来，我们对于花狗的记忆渐渐淡薄了。

事情的戏剧性变化是在一个多月后，秋天到来时。有一天下午，我正在院里摘豆角，忽然听到栅栏外有“汪汪”的狗叫声。抬起头，看见那只花狗站起来把它的前爪搭在门上，目光中的热切像寒夜中的两把火。在那狗的身后，是它的主人，一个 60 多岁、秃了顶的大兴农民，怀里抱着两个巨大的西瓜，累得满脸是汗，背腰都朝地上弓着了。

“喂——是你收留过我们家的花花吧？”老人大声地问着我，把他的两个西瓜放在低矮的栅栏门柱上。

老人把这条狗从小养到五六岁，两个月前，狗出门去追一条发情的野狗，追着追着它就丢掉了。半个月后，有天早上一起床，门一开，它却又突然回去了。

老人今天到世界公园这边卖西瓜。卖着卖着就见花狗不停地要往这个院子跑，跑到院子门口，重又回到他的瓜车旁，回到瓜车旁又心神不宁地朝这院子跑，有几次还咬着他的裤腿朝院子门口这边拉，弄得他生意都没法畅畅快快地做，最后他忽然想起它失踪半月的事，估摸这院里有人曾在那半个月里收留过它，就跟着花狗到了我家。

花狗和它的主人离开我家时，夕阳西下，院子里洋溢着一片彤红温暖的光。

德商分析

这只五六岁的小花狗，对把他养大的主人念念不忘，想尽一切办法要回到主人身边，最终如愿以偿。对只收养了它半个月的作者，它同样心心相念，拉着旧主人来感激曾经的照顾，这条狗也知道知恩图报！

德商借鉴

记住别人对我们的恩惠，洗去我们对别人的怨恨，在人生的旅程中才能自由翱翔。

德商代表：**终身行善的人**
关键词：**行善**
德商指数：**88**

到了错误地方的圣人

文/保罗·科埃略

“为什么有些人可以很容易地解决那些最复杂的问题，而其他人却会因为每一个小危机感到极为痛苦，最终被一杯水淹死呢？”我问。

拉梅什讲了下面这个故事作为回答：

从前，有一个人，他终生行善。他去世的时候，大家都认为他会直接上天堂，因为像他这种好人唯一的可能去处就是天堂。这个人并不是特别在意上天堂，但那是他去了的地方。

在过去那个年代，天堂上的服务并不是那么完善。前台的接待效率非常之低，接待他的那位姑娘只是透过她面前的索引卡粗略地看了他一眼，她无法找到这个人的名字，就直接把他送下了地狱。

而在地狱里，根本没人要查看你的证件或者邀请函，因为任何来者都会被邀请进去的。这个人就进去住下了。

几天后，撒旦怒冲冲地上到天堂之门，要求圣彼得给出一个解释。

“你的所作所为纯粹是恐怖主义！”他说，“你将那个人送下地狱，而他完全破坏了我的威望！从他一住进来，他就开始倾听人们的话，直视他们，并跟他们交谈。现在，每个人都在分享他们的感受，互相拥抱和亲吻。我不想在地狱里有这种事情！请你让他进入天堂！”

拉梅什讲完这个故事之后，深情地看着我说：“心怀足够的爱来过你的日子，就算是你被错送进地狱，魔鬼也会亲自将你送上天堂。”

德商分析

心怀足够的爱来过你的日子，就算是你被错送进地狱，魔鬼也会亲自将你送上天堂。终身行善的人不抱怨，和善对待身边每个人，用自己的人格魅力影响并带领人们变地狱为天堂。

德商借鉴

善良、正直的人让人信赖，让人踏实，让人熨帖，让人感动，让魔鬼胆战恐惧。正义的力量是无穷的。

德商代表：**卡尔洛斯**
关键词：**感恩**
德商指数：**80**

小　贩

文/周凯莉

一个叫卡尔洛斯的美国人死了。他生前不是百万富翁，也不是权倾一时的政客。卡尔洛斯就像我们常见的卖煎饼、卖油条的早餐车主一样，当然，他摆摊的地方是在华盛顿的法拉格特广场。

可是，这却成了一个大新闻。这个卖卷饼的小贩，享受到名人离世时的待遇，并且还登上了著名的《华盛顿邮报》头版。

这些前来悼念的人们与这个卖卷饼的小贩之间，唯一的联系不过是一张价值几美分的卷饼。据说，二十年如一日，卡尔洛斯将他的卷饼摊做成了当地的一个标志，更成为许多白领缺不了的日常食物。

他能记住几百位常客的口味，还会和顾客们谈论足球、孩子或者工作状况。他常常收到来自世界各地的明信片，地址栏上写着“17街和K街路口的卡尔洛斯卷饼摊”。

如今，卡尔洛斯死了，死于突然的心肌梗塞。那些经常前来光顾的律师、议员、实习生或者流浪者，在同一个早上，突然意识到这个卖卷饼的伙计死了。他再也不会蹦出来，快乐地说：“早上好！”他再也不会眨眨眼睛，让人们排好队，一个一个吃上热气腾腾的卷饼。

然而，使人们对卡尔洛斯念念不忘的，并不只是这一个个卷饼而已。那个死去的小贩身上最让人尊敬的，是对工作的认真，是对生活的坦然，是寻常人都可以拥有的尊严。

德商分析

一个卖煎饼的小贩让人们念念不忘，人们记住他的不仅是他给人们提供了早餐，而是对工作的认真和对生活的坦然，怀念小贩的人们真是一群具有感恩之心的人。

德商借鉴

感激帮助你的人，因为他们使你渡过难关。感激关怀你的人，因为他们给你温暖。感激所有值得感激的人。

德商代表：**袁隆平、袁隆平的母亲**
关键词：**感恩之心**
德商指数：**90**

妈，稻子熟了

文/袁隆平

稻子熟了，妈妈，我来看您了。

本来是想一个人静静陪您说会儿话，安江的乡亲们实在是太热情了，天这么热，他们还一直陪着，谢谢他们了。

妈妈，您在安江，我在长沙，隔得很远很远。我在梦里总是想着您，想着安江这个地方。

人事难料啊，您这样一位习惯了繁华都市的大家闺秀，最后竟会永远留在这么一个偏远的小山村。还记得吗？57年前，我要从重庆的大学分配到这儿，是您陪着我，脸贴着地图，手指顺着密密麻麻的细线，找了很久，才找到地图上这么一个小点点。当时您叹了口气说：“孩子，你到那儿，是要吃苦的呀……”我说：“我年轻，我还有一把小提琴。”没想到的是，为了我，为了帮我带小孩，把您也拖到了安江。最后，受累吃苦的，是妈妈您呐！您哪里走得惯乡间的田埂！我总记得，每次都要小孙孙牵着您的手，您才敢走过屋前屋后的田间小道。

安江是我的一切，我却忘了，对于一辈子都生活在大城市里的您来说，70岁了，一切还要重新来适应。我从来没有问过您有什么难处，我总以为会有时间的，会有时间的，等我闲一点儿一定好好地陪陪您……哪想到，直到您走的时候，我还在长沙忙着开会。那天正好是中秋节，全国的同行都来了，搞杂交水稻不容易啊，我又是召集人，怎么也得陪大家过这个节啊，只是儿子永远亏欠妈妈您了……其实我知道，那个时候已经是您的最后时刻。我总盼望着妈妈您能多撑两天。谁知道，即便是天不亮就往安江赶，可是我还是没能见上妈妈您最后一面。

太晚了，一切都太晚了，我真的好后悔，当时您一定等了我很久，盼了我很长时间，您一定有很多话要对儿子说，有很多事要交代。可我怎么就那么糊涂呢！这么多年呐，为什么我就不能少下一次田，少做一次试验，少出一天差，坐下来静静地好好地陪陪您。哪怕……哪怕就一次。

妈妈，每当我的研究取得成果，每当我在国际讲坛上谈笑风生，每当我接过一座又一座奖杯，我总是对人说，这辈子对我影响最深的人就是妈妈您啊！无法想象，没有您的英语启蒙，在一片闭塞中，我怎么能够用英语阅读世界上最先进的科学文献，用超越那个时代的视野，去寻访遗传学大师孟德尔和摩尔根？无法想象，在那个颠沛流离的岁月中，从北平到汉口，从桃源到重庆，没有您的执著和鼓励，我怎么能够获得系统的现代教育，获得在大江大河中自由翱翔的胆识？无法想象，没有您在我的摇篮前跟我讲尼采，讲这位昂扬着生命力、意志力的伟大哲人，我怎么能够在千百次的失败中坚信，必然有一粒种子可以使万千民众告别饥饿？他们说，我用一粒种子改变了世界。我知道，这粒种子，是妈妈您在我的幼年时种下的！

稻子熟了，妈妈，您能闻到吗？安江可好？那里的田埂是不是还留着熟悉的欢笑？隔着21年的时光啊，我依稀看见，小孙孙牵着您的手，走过稻浪的背影；我还要告诉您，一辈子没有耕种过的母亲，稻芒划过手掌，稻草在场上堆积成垛，谷子在阳光中哔啵作响，水田在西晒下泛出橙黄的味道。这都是儿子要跟您说的话，说不完的话啊。

德商分析

从袁隆平这篇写给妈妈的心里话中，我们感受到了妈妈对袁隆平常年无私的母爱，也感受到袁隆平对母亲的浓浓的感恩之心，以及因忙于工作而没有多陪母亲的愧疚之心。

德商借鉴

母爱是无私的、不图回报的爱，也是世界上最感人的爱，我们应该感谢母亲，感谢她为我们付出的一切。

德商代表：**我**
关键词：**懂得感恩**
德商指数：**86**

我知道我是谁

文/刘庆邦

母亲病重住院时，我家的房子地基下沉，墙体开裂，母亲很不放心。母亲说，等她一走，祖上传下来的房子就保不住了。我和弟弟把老家的房子重新翻盖一遍，我还一再向母亲承诺，以后我每年都会回老家的房子里看一看。我一般是在春天的清明节前和农历十月初一之后回去，夏天和冬天很少回去。可怕的是那些极具侵略性的野草，趁我们家无人看守，每年夏天都在院子里疯长。

若是我母亲还活着，她一定会把我们家的房子和院子守护得好好的。母亲不在了，老家就变成了现在这个荒芜样子。

坚守是一种理想，一种信念，一种信仰，一种文化传统，或者是一句诺言。社会的变化，科技的发展，人口的迁徙，财富的流转和积累，环境的污染等等，给我们的精神造成了很大的冲击。我们伤悲，我们焦虑，我们左顾右盼，神色犹疑，我们守不住我们的物质家园，好像连精神家园也快要找不到了。在强大的物质主义时代，作家对精神家园的坚守，从来没有像今天这样面临严峻的考验。

大约几十年前，我们村的苇子长得特别旺盛，被村里人说成是我们村的好风水。当年为防土匪，我们村子四周都挖有护村坑，坑的水边和岸上都自发生有苇子。春天来时，紫红的芦芽纷纷钻出，像一根根箭镞，直指天空。到了夏天，成了阵势的苇子黑苍苍的，树林一样遮住了村庄。长鞭似的芦根在地下蔓延，芦芽的突破能力非常强劲，如果待发的芦芽上面有一块砂礓，长出的芦芽会刺穿砂礓，并把砂礓举起来。芦根若是长到人们居住的屋子里，芦芽会从床下的硬地里钻出来，乍一看会以为是一条提起颈部的蛇。后来，或许是为了挖坑泥积肥，或许是为了修大寨田，我们村的苇根变成了锅底的柴火。从那以后，我们村的苇子就败了，所谓好风水再也无处寻觅。

我们村的苇子给我们的启示是，任何突破必须有一个基础，必须有一个根。根植大地，吸收了足够的能量，才有可能突破。如果刨去了根，突破就无从谈起，就是一句空话。苇子给我的另一个启示是，任何突破都有一个方向，这个方向就是向上，向上。我们立足的是大地，仰望的是天空，突破的方向也是天空。我们从实的地方出发，向虚的地方突破。

有人说我低调，我能听出话里面的善

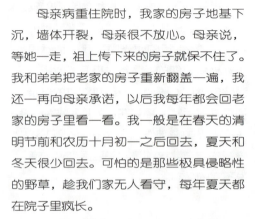

意。可实在说来，这正是我的局限，是无可奈何的事。你本来就不是一个高人，你给自己定的调子只能是低调。如果我唱起高调来，那就不是我了。好在我知道我是谁。

我是谁呢？我是我母亲的儿子。母亲虽然不在人世好几年了，但我相信母亲的在天之灵还一直在高空注视着我。母亲就是我的宗教，我的一言一行必须经得起和对得起母亲的注视。我又是我妻子的丈夫。几十年相随相守，我和妻子的缘分是今生今世最大的缘分，我有责任使她得到安宁和幸福。我还是我女儿和儿子的父亲。他们接过了我的遗传基因，使我的生命得到延续，我对他们感恩。过去我们只强调子女要对父母感恩，我认为父母也要对子女感恩，感恩之情是双向的。我还是一个普通劳动者，知道人活着就得干活儿，只有干活儿才有饭吃，才快乐。我没有过多的希求，希望干活儿的能力保持得长一些，多干出一些活儿。

德商分析

作者以一颗感恩之心，悲悯地感谢上苍给予他的一切。有人说，有自知之明的人是最聪明的人。我说，知道自己是谁的人是有一颗悲天悯人情怀的人。

德商借鉴

凡事感激，学会感激，感激一切使你成长的人和事！心怀感激的人一定会活得更加自如。

德商代表：**女儿、领班**
关键词：**宽恕、感恩**
德商指数：**86**

原谅

文/尤今

在上海的一家餐馆里。

负责为我们上菜的那位女侍，年轻得像是树上的一片嫩叶。注意她，是因为她上菜时显得笨手拙脚的，让我老是担心她可能会把盘子里的汤汁转化成我的洗澡水。

我的第六感居然没有“辜负”我。

捧上蒸鱼时，盘子倾斜，腥膻的鱼汁鲁鲁莽莽地直淋而下，泼洒在我搁于椅子的皮包上！我本能地跳了起来，阴霾的脸，变成欲雨的天。这皮包，是我在意大利买的，极好极软的牛皮，不能洗涤，是我心头的大爱。

可是，我还没有发作，我亲爱的女儿便以旋风般的速度站了起来，快步走到女侍身旁，露出了极端温柔的笑脸，拍了拍她的肩膀，说：“不碍事，没关系。”女侍如受惊的小犬，手足无措地看着我的皮包，嗫嚅地说：“我，我去拿布来抹……”万万想不到，女儿居然说道：“没事，回家洗洗就干净了。你去做工吧，真的，没关系的，不必放在心上。”女儿的口气是那么的柔和，倒好似做错事的人是她。这时，女侍原本绷得像石头一般的脸，慢慢地放松了，她细声细气地说了声“对不起”，便低着头走开了。

我瞪着女儿，觉得自己像一只气球，气装得过满，要爆炸，却又爆不了，不免辛苦。

女儿平静地看着我，在餐馆明亮的灯火下，我清清楚楚地看到，她大大的眸子里，竟然镀着一层薄薄的泪光。

这样一来，我不怒反惊了。

我这女儿，到底怎么啦？

当天晚上，回到旅馆之后，母女俩齐齐躺在床上，她这才亮出了葫芦里所卖的药。

在伦敦三年，为了训练她的独立性，在大学的假期里，我们不让她回家，要她自行策划背包旅行，也希望她在英国试试兼职打工的滋味儿。她的大哥就曾在美国大学当过校园邮差，二哥呢，也曾担任大学实验室助理员。

活泼外向的女儿，在家里十指不沾阳春水，粗工细活都轮不到她，然而，来到人生地不熟的英国，却选择当女侍来体验生活。

第一天上工，便闯祸了。

她被分配到厨房去清洗酒杯，那些透亮细致的高脚玻璃杯，一只只薄如蝉翅，只要力道稍稍重一点，便会分崩离析，化成一堆晶亮的碎片。女儿战战兢兢，如履薄冰，好不容易将那一大堆好似一辈子也洗不完的酒杯洗干净了，正松了一口气时，没想到身子一歪，一个踉跄，撞倒了杯子，杯子应声倒地，"哐啷、哐啷；哐啷、哐啷"，连续不断的一串又一串清脆响声过后，酒杯全化成了地上闪闪烁烁的玻璃碎片。

"妈妈，那一刻，我真有堕入地狱的感觉。"女儿的声音，还残存着些许惊悸，"可是，您知道领班有什么反应吗？她不慌不忙地走了过来，搂住了我，说：'亲爱的，你没事吧？'接着，又转过头去吩咐其他员工，'赶快把碎片打扫干净吧！'对我，她连一字半句责备的话都没有！"

又有一次，女儿在倒酒时，不小心把鲜红如血的葡萄酒倒在顾客乳白色的衣裙上，好似刻意为她在衣裙上栽种了一季残缺的九重葛。原以为客人会大发雷霆，没想到她反而倒过来安慰女儿，说："没关系，酒渍嘛，不难洗。"说着，站起来，轻轻拍拍她的肩膀，便静悄悄地走进了洗手间，不张扬、更不叫嚣，把眼前这只惊弓之鸟安抚成梁上的小燕子。

女儿的声音，充满了感情："妈妈，既然别人能原谅我的过失，您就把其他犯错的人当成是您的女儿，原谅她们吧！"

此刻，在异乡异国的夜里，我眼眶全湿。

德商分析

宽恕并不意味着忘记或否认发生过的痛苦的事情，当领班宽恕了女儿的过失，女儿以感恩之心记住了，并从此以宽恕之心对待身边的人和事。他人的仁爱会让我们成熟并感恩。

德商借鉴

人不可能十全十美，谁不会犯错呢？别人的过失，你如果能够宽厚地对待，久而久之，你将是一个正直和快乐的人。

德商代表：**韩信**
关键词：**感恩**
德商指数：**85**

一饭千金

文/阿　曼

秦朝末年，有个叱咤风云的人物，他便是帮助汉高祖打平天下的大将韩信。

韩信是淮阴人，少年时丧父，家境贫穷，他既不会种田做买卖，又不能去当官，只能过着游荡的生活。为了能填饱肚子，他常常到淮阴城下的河边去钓鱼。河边有几个老婆婆常在那里洗衣服，日子久了，其中一个漂母看韩信落魄无聊，很同情他，家人送来午饭，她分一点给韩信吃，韩信饥不择食，狼吞咽地吃了起来。从此，那漂母每次都分给韩信吃。一次，韩信吃过分来的饭后，向漂母深深施了一礼，激动地说：“承老大娘这般厚待，我永生难忘，将来我得了志，会报答您老人家的！”

漂母听了，责怪韩信说：“男子汉大丈夫说这种话干什么！我看你相貌堂堂，好一个王孙公子，不忍你挨饿，才给你吃点饭，哪里想到要你报答！”说罢，拿了洗好的衣服离去。望着漂母的背影，韩信暗下决心，有朝一日发迹了，一定要实现今天的诺言，重重报答这位老人家。后来，韩信替汉王刘邦立了不少功劳，被封为楚王，他想起从前曾受过漂母的恩惠，便命从人把她从淮阴请来，当面向她致谢，并赠给她黄金一千两以答谢她。这就是成语“一饭千金”的来历。

德商分析

这个成语故事是说，受人的恩惠，切莫忘记，虽然所受的恩惠很微小，但在困难时，即使一点点帮助也是很可贵的；到我们有能力时，应该重重地报答施惠的人。

德商借鉴

感恩是美德中最微小的，忘恩负义是品行中最不好的。

德商代表：**霍金**
关键词：**感恩的心**
德商指数：**88**

我还有一颗感恩的心

文/阿 曼

“我的手指还能活动；我的大脑还能思维；我有终生追求的理想；我有爱我和我爱着的亲人与朋友。”

“霍金先生，卢伽雷病已经将你永久固定在轮椅上，你不认为命运让你失去很多的出路吗？”在一次学术报告后，一名记者对数学大师霍金提出这样的问题。大师的脸上充满微笑，用他还能活动的3根手指，艰难地叩击键盘后，显示屏上出现了上面一段文字。

3根手指和一个能思维的大脑是霍金身上唯一能动的部件。这个人生的斗士，这个智慧的英雄，除了他超人的意志之外还靠什么？靠的是爱，还靠的是高科技。没有爱他的人的照顾，卢伽雷病是不会让他活到今天的，也许他在生病之初就与世长辞了。

奥斯特洛夫斯基全身不能动弹，但可以说话，才得以口述完成他的巨著。我国史学大师陈寅恪的巨著《柳如是别传》和著名哲学家冯友兰的巨著《中国哲学史新编》，也都是著者在双目失明或双目视物不清的情况下全凭口述而“写”出来的。

可霍金只有仅仅3根能微弱活动的手指和一双不会说话的眼睛，没有计算机，他怎么去表达他的思想；还能将他的智慧发挥出来吗？没有发达的医学，他仅仅能活动的3根手指如何总能动弹？没有强大的经济支持，他微弱的3根手指又如何能产生伟大的学问？成功的喜悦，胜利的光环，常常会令人忘乎所以，但是，我们永远不应该忘记那些帮助过自己的人。

所以，这个如今完全可以骄傲地面对人生的人，他在回答完那位记者的提问后，又艰难地打出了第一句话：“对了，我还有一颗感恩的心！”

德商分析

在感恩的历史长河中，流淌着多少古今中外名人感恩的小故事。小黄香在寒冷的冬天，先用自己的体温暖了席子，才让父亲睡到温暖的床上。居里夫人，寄去机票，让她的小学老师欧班老师来参加镭研究所的落成典礼，居里夫人还亲自把老师送上主席台。伟人之所以伟大，名人之所以成为名人，是因为他们都拥有美好的心理品质——感恩。

德商借鉴

德商借鉴：感恩，不是为求得心理平衡的喧闹的片刻答谢，而是发自内心的无言的永恒回报。

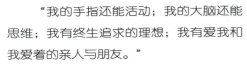

德商代表：**台湾来的做义工的年轻人**
关键词：**慈悲、宽恕**
德商指数：**89**

没有宽恕就没有未来

文/启 君

曾任台湾清华大学代理校长的李家同教授讲过这样一个故事。

他去非洲旅行，很多人介绍他去一个小镇。人们叫这个小镇 K.S，没有人知道为什么有这样一个古怪的名字。

在小镇上，好多地方都以 K.S 命名，比如饭店叫 EastK.S，咖啡馆叫 K.S.Cafe，诊所就叫 K.S 诊所。

咖啡店的老板听说他是从台湾来的，神情立刻一变，一再地询问台湾的情况，就像一个台湾迷。在非洲，很少会有人对台湾有了解，更谈不上兴趣了。

后来，老板告诉了他，为什么这个地方到处都叫 K.S，以及他为什么对台湾这样着迷。

很多年前，有一个来自台湾的年轻人到这个小镇做义工。这位年轻人是工学院学生，设法从台湾运来机械，并教会当地学生如何使用。他尽力让自己的生活与当地人一样，但大家仍然知道他是那里最富有的人，他有计算机，有手机、电子照相机，他也捐了好多视听器材给学校，这些器材都是当地学校买不起的。

当地治安不好，校长担心他会被抢，就叫他住进学校里去。可是，有一天，还是有歹徒进入了他住的地方，洗劫一空，还杀害了他，直到第二天早上才被发现。警察来了，也查不出所以然来。小镇居民悲伤至极，想不到抢匪居然会杀害如此善良的人。

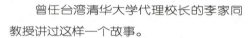

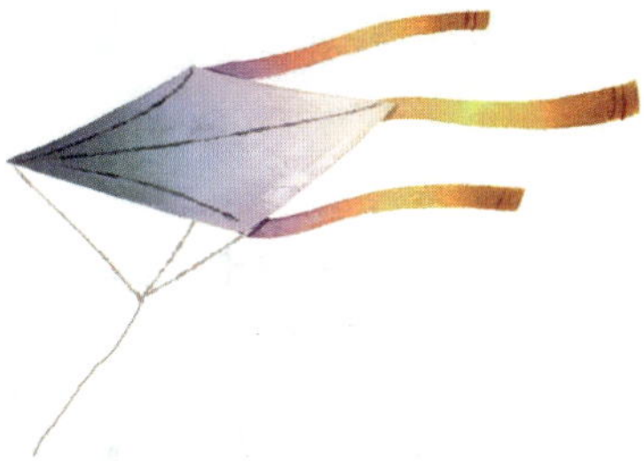

年轻人的家属来了。出乎人们意料，家属似乎对此事早有预感，虽然非常难过，他的父母仍很镇静地参加了安葬仪式。

小镇上的人都来了。这个国家是天主教国家，所以在教堂里举行安葬弥撒。但是，这次弥撒却是中文的，连圣歌也是中文的。在弥撒结束的时候，年轻人的爸爸向大家讲话，他说他的儿子在一个多月以前就有一种奇怪的感觉，认为可能会有人要来抢他的财物，而且他也极有可能丧失生命，所以他写了一封信给父母，请他们有所准备，万一他在非洲去世，他们一定要原谅杀害他的人，他们如果不是如此的贫困，绝对不会沦为盗匪的。

年轻人除了要求他的父母心中不要有仇恨以外，还要求他的父母做一件事，他认为非洲最缺乏的基础建设是灌溉系统，希望父亲能够拿出一笔钱来替这个小镇建造一个灌溉系统。他跟小镇的官员谈过，但是一直苦于没有经费；他也希望父亲替小镇种植一片防风林，以防止小镇的沙漠化。

这位悲痛的父亲最后承诺，一定会完成儿子的遗愿。而最令大家吃惊的是，他还展示了一幅中国的字画，上面写了两个中国字，小镇的居民完全看不懂。他解释说，这两个字是“宽恕”，他要将这一幅字送给儿子服务的学校。

这幅字后来一直挂在校长室里面，但是大家都不会念。后来有一位老师说，我们就用 K.S 来念这两个字吧。从此，这所高中改名为 K.S 高中，而这所高中所在的街道也改名为 K.S 街，小镇唯一的诊所改名为 K.S 诊所……

李家同先生说，他不好意思冒冒失失进入校长室，所以没有看到“宽恕”这两个字，可是他找到了年轻人的墓。

墓地上一片茂密的青草，只有一块铜牌，上面刻着 K 和 S 两个字母，没有死者的名字，也没有生卒年月。据说，这是年轻人父母的愿望，他们希望大家永远记得的是他们的儿子有宽恕的美德。

小镇居民并不知道年轻人何时出生，但是都记得他是哪一天去世的。每年的这一天，这片青草地上就放满了花。

德商分析

年轻人要求父母一定要原谅杀害他的人，他设身处地地为他们着想。对于谋取了自己性命的人不记恨，反而要求自己的亲人善待他们，这是多么慈悲而宽容的情怀。

德商借鉴

人最大的美德之一是慈悲，因慈悲而宽容，因宽容而更加慈悲。

德商代表：**杰夫卡夫斯基**
关键词：**宽容**
德商指数：**85**

布拉格的歌声

文/〔俄〕达彼特洛·洛斯基斯

在行动之前，杰夫卡夫斯基就有一种强烈的预感，这绝不是一次例行演习那么简单。果然，短短三个小时之后，装甲车队便开入布拉格，而天空的广播也同时传来讯息，这次行动绝不是针对捷克斯洛伐克人民，逮捕杜布切克，完全是共产主义事业的一次自我拯救。

守护在布拉格边缘的一条要道，杰夫卡夫斯基和战友一样，心里非常焦虑，这次取名为“尤里复仇”的行动到底要持续多久？

街对面不远处是一个教堂，悠扬的钢琴声隐隐约约地从里面传出来，杰夫卡夫斯基情不自禁地侧耳细听，曲子有点像《伏尔加母亲》，那是他最喜爱的一首曲子，如果不是德军突然入侵，杰夫卡夫斯基想，自己现在一定是一名钢琴师，至少不会手里拿着枪。

杰夫卡夫斯基无奈地笑笑，抬起头看看天空，只见晴空万里，太阳直直地照着脚下的城市，连影子都不见一点儿。这是个好兆头。久经战场的他可以肯定，战争已经结束，或者根本就没有发生，因为天空连一架飞机都没有，这就说明伟大的莫斯科再次取得了绝对性的胜利。

这样想着，杰夫卡夫斯基便觉全身轻松起来，反复观察了下周边，没什么异动，便向远处的战友打了声招呼，自己一个人慢慢朝教堂走去。琴声已经停止，但教堂却并没有静下来，透过门缝，杰夫卡夫斯基看见一群孩子正整齐地唱着歌，什么曲子他听不出来，只觉得歌声在教堂里显得特别响亮。

杰夫卡夫斯基喜欢这种感觉，便不由自主地走进去，他想问问这首歌的名字，甚至还想跟他们一起学习歌唱。然而，当他出现在那群孩子面前时，歌声却突然停止，他们一个个惊恐万分，稍小一点儿的女孩甚至在往后躲。

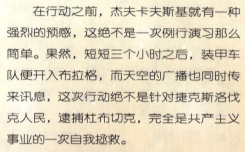

杰夫卡夫斯基抱歉地笑笑，刚想说自己的来意，一个男孩却突然朝自己奔来，这是一个勇敢的男孩，杰夫卡夫斯基在心里默默赞许。可男孩大概跑得太急，竟然在阶梯处绊倒。遇到这种情况，杰夫卡夫斯基当然是毫不犹豫地向前搀扶。意外就是发生在搀扶的那一刻。男孩拼命甩开他的手，大声哭诉：“坏人，你还我爸妈来，你们都是坏人！”与此同时，男孩竟然还掏出一支手枪对准杰夫卡夫斯基的胸口，“啪”的一声，枪声在教堂里格外清脆。

杰夫卡夫斯基显得特别沉重，他真的不希望发生这种事，但当他发现男孩拿出手枪的那一刻，还是习惯性地先下了手。教官曾无数次地训练他应对类似的情况，所以，枪杀男孩的事情完全可以算得上一次对敌作战，杰夫卡夫斯基甚至还可以把战绩上报。但是，在枪声之后，他却只觉天旋地转，怎么也站不起来，他看见男孩的脸，竟然带着微笑，一种解脱的微笑。

当战友冲进教堂，一支支枪口对准教堂里的孩子时，杰夫卡夫斯基终于挣扎着站起来，他告诉战友，这里没有杜布切克分子，男孩完全是自己一时冲动而错杀，回去后，他会主动接受军法处置。

教堂里所有的人都默不作声，无论是小孩或者大人，他们脸上都有种奇怪的表情。因为就在刚才，他们亲眼看见杰夫卡夫斯基把男孩手里的枪塞在自己怀里，一个军人竟然保护敌人的伙伴，这简直就是奇迹。

当杰夫卡夫斯基与战友跨出教堂的大门，外面阳光依旧明媚，整个布拉格宁静得像莫斯科的早晨，而就在杰夫卡夫斯基回头那一刻，透过教堂的大门，他看见那群孩子紧紧地靠在一起，悠扬的歌声再次响起，越唱越响，歌声从门口飘出来，弥漫在布拉格的天空。

德商借鉴 宽恕能帮助你在一片误解、痛苦、怨恨的狂乱中，找到方向。且让宽恕打开和解之门，今天的敌人不难变为明日的朋友。

德商分析 没人喜欢战争，但战争也常在我们的不情愿中发生。然而，战争最终的受害者莫过于那些孩子、妇女和老人。对于弱者，我们还有必要那么强势吗？杰夫卡夫斯基对于仇视自己的孩子，想要杀死自己的孩子，采取的是宽容。或许正是他的宽容，才避免了更多的生命的消逝。

德商代表：**他、店主**
关键词：**关爱弱者，体贴弱者**
德商指数：**84**

手间有温暖

文/张小平

那年，他到一家高级点心专卖店打零工。

一天，进来一位落魄的男子，哆嗦着摸出几张皱巴巴的钞票，说要买一个豆沙包。他摇了摇头正声说道："本店只卖高级点心，你还是到其他店去看看吧！"一旁的店主赶忙插话，对那位男子客气地说："能麻烦你稍微等等吗？我亲自给你做。"说完，店主引领男子坐下，等到包子做好后，店主又恭敬地勾着手递过去，并深深鞠了一躬："十分感谢您的光临。"

他愣愣地看着男子离开，不解地问："他不过是来买包子，您为何还要亲自接待？"

"我不想失去任何顾客。"店主友善地笑，"平常来咱店的大多是有钱人，可他显然没多少钱，进到店里该要下多大的决心呀？我接待好他，不就顺便成全了那颗渴望被鼓励的心吗？"

一席话，令他惊诧不已，这才知道，原来善待穷顾客，伸出手为他们窘迫的需要服务，不仅是做成了生意，还能送出一份特殊的温暖。

后来，他进了大公司工作。那次生意谈得很顺利，主管让他去买一批格子衬衣送给一群客户，他疑惑地问："为什么不买素面衬衣？我注意那个客户经理好几天了，他可一直都穿素面的。"主管呵呵地笑："我倒是留意了其他客户多日，他们都偏好穿格子衬衣呢。"

格子衬衣买回来，主管领着他一件件地摊开，毕恭毕敬地送到客户的手中。第二天，他发现，除了经理依旧穿着素面衬衣外，其他客户都已换上了新送的格子衬衣。"经理通常把生意看得很重，所以不会把我们送的礼物太当回事，而下属则不同。我们按他们的喜好送礼就能打动人心呀！"主管一本正经地说。

他愕然。原来以礼相待职位低的客户，用心去满足他们的需求，就能制造出更深意义的感动。

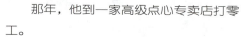

如今，他创办了自己的公司。在办公室，他递交文件给员工时，总要不自觉地先转动双手，将文件倒过来，然后再递给

对方。有位女职员注意到这个细节，忍不住问："您为何要这样送文件呢？"他憨憨地笑，说："这样文件传到你们手中时，就是正的呀。"

从不曾想过，日常中伸手去传递物品，这个平常而细小的动作，在赋予了善意和体贴后，竟然可以演绎出这么多的感动！

一念之间百花开。或许，只要我们意识到关爱弱者、体恤贫困者是一种责任，哪怕在一只手到另一只手之间，也能传出融融的情意，汇成别样的温暖，直通心灵深处。

德商分析

范仲淹的"先天下之忧而忧，后天下之乐而乐"，顾炎武的"天下兴亡，匹夫有责"，周恩来的"为中华之崛起而读书"……他们心中有的是聚焦天下的强烈责任感。我们普通人也许难以具有那份情怀，但只要意识到"关爱弱者、体恤贫困者也是一种责任"，我们的工作将更出色，人际关系也将更和谐。

德商借鉴

责任可以让我们把事情做完，爱却可以让我们将事情做好。

德商代表：**王麻子**
关键词：**宽恕别人，也宽恕自己**
德商指数：**85**

最难的宽恕

文/姜钦峰

清初计六奇所著《明季南略》，写了一个有趣的故事。清兵大举攻打扬州，眼看破城在即，全城百姓人人自危，却无处可逃。扬州城内有个叫程伯麟的商人，平日虔诚拜佛，乐善好施。这天晚上，程伯麟忽然梦见菩萨显灵："你家共17口人，其余16人均可保平安无事，唯独你劫数难逃，因为你前世杀了王麻子26刀，今世须偿还。"程伯麟大惊，慌忙跪求破解之法。菩萨道："破城之时，你千万不能逃走，否则将连累全家遭殃。"

五天后，守将史可法战死，扬州城破，城内兵荒马乱，尸横遍野。程伯麟安排家人全部躲进厢房，自己则独坐堂屋，坦然等死。当夜，果然有清兵来敲门，程伯麟镇定自若，大声问道："来者可是王麻子？我在这里已等候你多时，尽管进来杀我26刀吧。"门外的清兵大惊："我就是王麻子，你怎么知道我的名字？"

程伯麟打开大门，将梦中所见如实相告。王麻子听后，百感交集，叹息道："你前世杀我26刀，所以才招致我今世找你报仇，如果我今世再杀你26刀，来世你岂不是又要找我偿还，冤冤相报何时了？"说罢，王麻子抽出佩刀，用刀背在程伯麟身上敲了26下，随即骑上战马，疾驰而去。程伯麟由此躲过大劫，后来举家迁往南京定居。

《明季南略》所记，大多为明末清初史实，具有重要的史料参考价值。然而，由于见识所限，古人写书，大多喜欢添加一些神怪志异，用以教化世人，计六奇也不能免俗。故事的真实性大可不必深究，作者所表达出来的处世哲学，倒是挺耐人寻味——宽恕别人，其实也是宽恕了自己。

悬疑电影《恐怖游轮》，表达的是另一种宽恕。洁西是个脾气暴躁的母亲，动不动就对儿子发怒，非打即骂。一天，洁西带儿子去海上游玩，在前往码头的路上，她一边开车一边训斥儿子，结果与一辆大卡车迎面相撞，母子俩死于非命。洁西死后，灵魂不得安宁，总认为是自己亲手杀死了儿子，陷入了深深的悔恨之中。于是，她的灵魂穿越时空，回到了车祸发生之前。为了改变事件原来的进程，阻止车祸发生，她潜入自己家中，杀死了以前的“自己”，试图以此来挽救儿子。

诡异的事情发生了。无论洁西怎么努力，都不能阻止那场车祸。她不甘心，一次又一次穿越时空，回到从前，杀死了无数个“自己”，却无法改变结局。她无意中闯入了一个可怕的怪圈，不断地从终点回到起点，在两个时空循环穿梭，永无休止。于是，心酸的悲剧再三重演，故事的结尾又变成了开头，永远没有结局。

如何才能解开这个死循环？影片并无交代。其实很简单，只要她肯原谅自己，立马就能跳出轮回的怪圈。人非圣贤，孰能无过，有些东西既成事实，就必须平静地接受。否则，就变成了那位可怜的母亲，困在自己精心设计的炼狱中，无止境地循环往复。她迷失在过去，同时也失去了未来。

我一个朋友，报考公务员，笔试成绩名列前茅。前期优势明显，接下来的面试，只要正常发挥，就能轻松过关。前途一片光明，却偏偏出了意外，一个很简单的常识问题，她居然从没听过，答不上来。前功尽弃，名落孙山，她再也不肯原谅自己，每天都在后悔自责，逢人就说：“实在不应该啊，那么简单的题目……”她也在不停地穿越，陷在那次失败中出不来了。

宽容是最好的救赎，人有时得学会超脱。就像前面那个清兵，将刀刃换成刀背，顷刻斩断了复仇的循环链，所有难题迎刃而解。得饶人处且饶人，我们都知道对别人应该宽容，但是为什么不可以宽恕自己一回？

德商分析

王麻子宽恕程伯麟，避免了冤冤相报，洁西和公务员朋友不能宽恕自己，陷入怪圈不能自拔。最难的宽恕其实就是宽恕自己。

德商借鉴 宽恕别人，其实也是宽恕自己。宽恕别人易，宽恕自己难。

德商代表：**两名逃犯**
关键词：**善恶就在一念间**
德商指数：**87**

两名逃犯和一名和尚

文/王凤国

有两名逃犯逃到一座山上，山下布满了警察，看起来他们是无路可逃了，他们就躲到了山上的一个寺庙里。两名逃犯非常狼狈，为逃避警察的追捕，已经好几天没吃东西了，又赶上严寒的冬日，两名逃犯已经疲惫不堪了。他俩瘫坐在寺庙的一个墙角下，其中一名逃犯突然想起了家，想起了家中的妻儿，想起了往年这个时候躺在家中温暖的炕上，妻子给他揉脚，多舒适啊。他看着眼前这个人，这个人不再是他的朋友，是把他引向邪路的一个坏蛋，当初怎么就轻信了他的话，一起去盗窃，以致落到如此地步。另一名逃犯说："兄弟，我知道你在恨我，是我对不起你啊！是我财迷了心窍。可现在说什么也晚了。"

寺庙里住着一个和尚，他们的对话无意中让他听到了。当他们看见和尚时，心里很害怕，怕和尚下山去报案。和尚看出了他们的担忧，便说："两位，我是出家之人，不会过问红尘中事，你们放心在这里住一宿就是了。"两名逃犯谢过了和尚，和尚为他们准备了饭菜。两名逃犯用过饭后，却不敢睡，怕下面的警察找上来，他们就去找和尚聊天。和尚见他们还没睡觉，就念了声"阿弥陀佛"。

两名逃犯说："师父，我们现在睡不着，你给我们讲个故事解解闷吧！"

和尚说："好吧！"

和尚说："以前这山上有一个狼群，常常去山下的村子残害生命，很多人无辜地惨死在狼口之下。村民大怒，就召集本县所有的猎人来此山，才将狼群铲除。最后，猎人在山上发现了一个狼窝，狼窝里有两只狼，那是两只可怜的小狼啊！有一只狼还用凶狠的目光看着猎人，就在这时，那只狼竟然凶残地扑向猎人。猎人很无奈地举起猎枪，将狼打死。"和尚讲到这里就打住了，念了声"阿弥陀佛"。

两名逃犯问：“师父，另一只呢？”

和尚说：“另一只狼在这个时刻突然向猎人趴下了，眼里竟流出泪。猎人知道，那是忏悔的泪啊！猎人没杀它，将它牵回村里，经过耐心的驯化，就变成了一只可爱的狼狗，为村民看家护院，得到村民的喜爱。”

一名逃犯说：“是啊，善恶只在这一念之间啊！狼就永远是凶狠的狼了。”

和尚说：“狼是可以变成狗的啊！只要肯去掉它的恶性，一心向善。更何况人呢！人生在世，最害怕的就是一念之差，抱恨终生。”

另一名逃犯说：“师父，我明白了，你是在用故事度我们啊！是啊，当时我们也是一念之差，落到现在这个地步，现在想起来真是后悔莫及啊。师父，我们已经想好了，明天我们就下山去自首。”

和尚点了点头，念了声“阿弥陀佛”。

德商分析

善恶就在一念之间，迷途知返，为时不晚。善良人在追求中纵然迷惘，终将意识到有一条正途。对恶人善加引导，让他回归正途也不难。

德商借鉴

人之性也，善恶混。修其善则为善人，修其恶则为恶人。

德商代表：**木匠**
关键词：**架起友好之桥**
德商指数：**88**

栅栏和桥

文/宏　伟

从前，在美国西部农场，有一对兄弟，哥哥叫约翰，弟弟叫汤姆。

他们两人的农场毗邻，40 年来，两人一直并肩劳动，共同使用工具和机器，还在需要的时候交换劳工和物资。

有一天，兄弟俩发生了争执，从一个小小的误会变成大矛盾，最后爆发了两人间的恶语相加，随后是几个星期的互不理睬。

一天早上，约翰的门外响起了敲门声。他打开门，看到是个带着工具箱的木匠。“我想找个地方干几天活儿，这里有需要我的地方吗？”他说。“是的，”约翰说，“我有个活计要你做。看那条小溪对面的农场，主人是我的邻居，也是我的弟弟。上星期我们发生了争吵，他用推土机在我们之间推出了这条小溪。看到谷仓旁的那堆木头了吗？我想让你给我造一个 8 尺高的栅栏——那样我就省得再看到他那个地方了。”木匠回答：“我想我知道你的情况了。我会干出让你满意的活计的。”约翰要进城采购，他帮木匠准备好了需要的东西，就出去了。

一整天，木匠都在辛苦地丈量、锯、钉。黄昏时分，约翰回来时，木匠刚完成他的活计。可眼前的一切，令他目瞪口呆：木匠造的不是栅栏，而是一座桥，一座从小溪的这边通向另一边的桥！这是件精美的作品，而那位邻居、他的弟弟正从桥对面走过来，伸出了双手：“我说了那些话、做了那些事，你还造了这座桥，你可真够哥们儿。”

桥两端的兄弟二人，现在相聚在了桥中间。他们紧紧握住了对方的手，发誓再也不伤害彼此。这时，他们回过头，看到木匠已把工具箱背在了肩上。“先别走，等等！再待几天，我还有很多活计让你做。”约翰说。“我愿意留下，”木匠说，“但还有很多桥等着我造呢。”

德商分析　木匠不多言多语，仅用行动化解了兄弟两的嫌隙，促成兄弟和谐。

德商借鉴　在人的一生中，宽容是一种做人的原则。

德商测试

DESHANG CESHI

测试 感恩指数

在古希腊的传说中，有一架神奇的天平，它可以称出心的重量，心轻的人才能上天堂。据说，各种复杂的情感和生命中的牵绊会加重一个人心的重量，但有一种情感是例外的，它不仅可以减轻心的重量，还可以给心插上翅膀，带着心在天堂里飞翔。它的名字叫——感恩。你学会感恩了吗？下面我们一起做个小测试，看看自己的“感恩指数”吧！

1. 作为孩子，你认为有必要向父母感恩吗？

A. 非常有必要

B. 无所谓

C. 没有必要

2. 你怎样理解报答父母的“养育之恩”？

A. 源于“血浓于水”的亲情

B. 社会舆论和道德的要求

C. 一种偿还

3. 你理解自己的父母吗？理解的程度是怎样的？

A. 非常理解，知道他们真正的想法

B. 有时候理解

C. 不理解

4. 你知道父母的年龄和生日吗？并且在第一时间清楚、准确地说出来。

A. 知道，也能准确地说出来

B. 只知道大概

C. 不知道

5. 你关心并了解父母的身体状况吗？

A. 关心，也比较了解

B. 一般，有时候想起来问问

C. 不太关心和了解

6. 你知道父母喜欢的东西吗？比如他们爱吃什么、喜欢什么颜色等。

A. 知道

B. 知道一部分

C. 不太清楚

7. 你了解家里的经济情况吗？

A. 非常了解

B. 比较了解

C. 不了解

8. 你经常和父母聊天或者谈自己的想法吗？

A. 是的，经常

B. 偶尔

C. 从来不

9. 你经常向父母说感谢的话或者“我爱你”吗？

A. 是的，经常说

B. 有时候说

C. 几乎不说

10. 你经常拥抱自己的父母吗？

A. 经常拥抱，我喜欢拥抱他们

B. 有时候拥抱一下

C. 从来没有过

11. 你上次帮母亲洗碗、扫地或者擦桌子是在什么时候？

A. 昨天

B. 好像是两个星期以前

C. 时间太长，早就忘了

12. 你对父母说过谎话吗？

A. 从来没说过，我没什么要隐瞒他们的

B. 说过一次

C. 说过几次

13. 你经常和父母发生争吵吗？

A. 从来不，意见不一致时我会和他们沟通

B. 偶尔发生过

C. 是的，经常发生

14. 面对父母的教导和批评，你的态度是怎样的？

A. 虚心接受，认真改正自己的缺点和错误

B. 有时候听

C. 基本上不听，坚持自己的想法

15. 你认为自己是个懂得感恩的人吗？

A. 应该是吧，我觉得自己做得很好

B. 还可以，做得一般

C. 有些勉强，我做得不够好

测试结果

小测试做完了，你的“感恩指数”有多高呢？这个测试的结果并不是金科玉律，只是提供一个非常感性的评判标准。

如果在你的答案中，A 项是最多的，那么恭喜你，这说明在对父母感恩这方面，你做得很好。但测试中列举的问题并不是全部，请你继续努力，做一个理解关爱父母的好孩子，并把感恩的心付诸行动，去做感恩的事。

在你的答案中，如果 B 项比较多，说明你有一颗感恩的心，但做得还不够好。以后的生活中要学着关心、了解父母，选择恰当的方式和他们沟通。经过一番努力之后，相信你的“感恩指数”会一路飙升。

如果你的答案中有一部分 C 选项，这时你就要提高警惕了，你的感恩之心还不够大，还有一定的差距，但也不要沮丧，从前面的问题中找一些提示，想想自己接下来该怎么做。

通过这个测试，你是否对以后“如何感恩”有一个完整的规划呢？

DESHANG

第五章 自律修身成大事

《神奇的情感力量》的作者罗伊·加恩说："自律是修身立志成大事者必须具备的能力和条件，希望每个人都能做到自律！"

一般情况下，自律和意志是紧密相连的，意志薄弱者，自律能力较差；意志顽强者，自律能力较强。加强自律也就是磨炼意志的过程。

自律的养成是一个长期的过程,不是一朝一夕的事情，因此要自律首先就得勇敢面对来自各方面的一次次对自我的挑战,不要轻易放纵自己,哪怕它只是一件微不足道的事。

对自己严格一点，时间长了，自律便成为一种习惯，一种生活方式，你的人格和智慧也因此更完美。

德商代表：**父亲**
关键词：**自制**
德商指数：**75**

十七岁的狂妄牛仔

文/〔美〕大卫·麦克莱恩

那一年，17 岁的我像这个年龄的所有男生一样，天不怕、地不怕，觉得没有自己办不到的事。

每年，我们小镇都会上演一场为期三天的牛仔竞技比赛。为了挑战极限，我决定去试试骑公牛比赛。要知道我也曾在跳跃的马背上待过很长的时间。

但促使我前去的最大动力是女孩子的目光，尤其是漂亮女孩的目光。

我把自己的想法告诉了老爸。他看着我，在沉默了约有一分钟后，只见他高深莫测地一笑，说：“好吧，孩子，我知道没什么能阻止你的，就去试试吧，这也是个学习的过程。”

很快就到骑公牛比赛预赛的时间了。

只一眼，我就悔得肠子都青了：它的毛像煤炭一样黑，巨大的牛角已经出于安全考虑被去掉了尖头。看样子至少有两千磅重。

我深吸了一口气，极不情愿地坐在了这头怪兽的背上。我的两条腿感觉到了牛传递过来的力量，似乎血管一下子就变粗了。

我已经走得太远。

我看了老人一眼，说：“好吧，打开……”

拜托，“门”字都还没出口呢。铁门“哗啦”一下就开了，牛把蹄子一扬，跃入了半空中。

在牛踏上地面的那一刻，我才知道自己身在何地。我是在一个大竞技场里，周围是好几百名观众，而我，正在跟一个上吨重的长了角的汉堡包鏖战。

我要死了！

这想法肯定只出现了几微秒，牛在转体360度以后，突然前蹄支地，后蹄腾空，华丽地玩了个垂直于地面的杂技。

我被甩到了空中，手脚并用胡乱地扑腾着，就像只受伤的小鸟。然后，一阵大风袭来，我被迫着陆了。

我奋力调动四肢，想要爬起来。但是公牛就像一列货运火车般驶来，它用自己的钝角将我挑起，抛入空中。我又一次坠地，只是再也没了动弹的力气。谢天谢地，场上负责调动气氛的小丑赶了过来，把牛拉走了，我这才算从牛蹄下得以生还了。

两个牛仔把我架到了安全地带。眼见着他们就要把我送出竞技场了，我挣扎着站了起来，示意他们放开我。我想要告诉所有人，我的身板还好，没有牛能在我这里占到便宜。

我举手想挥动自己的帽子，这一摸才发现我的帽子不见了！回头一看，我那全新的牛仔帽早已被牛蹄践踏得面目全非，与地上的烂泥混在了一起。

我终于还是被牛仔们拖出场去。

我总共在牛背上坚持了两秒钟，得了脑震荡，断了一根肋骨，外加落得一身淤青。

这是我骑牛生涯的结束，也是我狂妄时代的终结。我终于理解了老爸笑容后面的深意，懂得了真正的男子汉不是无所畏惧的莽夫，而是知道自己软肋在哪里的智者。

那一晚，有个小孩一夜长大。

德商分析

我为了女孩子的目光，尤其是漂亮女孩的目光，意气用事去参加骑公牛比赛，结果是只坚持了两秒就被扔了下来，还弄得遍体鳞伤。这是狂妄、莽撞、意气用事、不能自律产生的后果。

德商借鉴

真正的强者不一定是多有力，或者多花哨，而是他能清醒意识到什么该做什么不该做。首先应该做到自制，自制就是一种对快乐与欲望的控制。

德商代表：**的哥**
关键词：**自律自制**
德商指数：**82**

的哥的故事

文／严文华

通常坐上出租车后，我会看司机的营运工号。如果工号以“0”“1”或“2”打头，我只要报出目的地，然后就安心做自己的事，因为这些都是“老法师”了，有一二十年的开出租车的经验。这一天，我坐上一个“0”字打头的出租车，建议司机走小路会更快，但司机小心翼翼地问：“你知道小路怎么走吗？”我好惊讶，开了20年的出租车，不知道小路怎么走？司机解释：“我已经有10年不开出租车了，对路不太熟悉了。之前我开过6年出租车。现在重开只能用我以前的运营号。”

接下来，我知道了他的故事：16年前他开出租车，那时开出租车收入不错。后来生意就没有那么好了，经朋友介绍，他到一家外资企业应聘为财务总监开车，总监是美国总公司驻派上海的老外。面试时，他不懂英语，总监不懂中文。同时应聘的还有另外一位司机，他们两人等待时，总监和其他人说了句英文，周围人都笑了，那位司机也笑了——看来懂英文，只有他听不懂。后来总监让他们俩分别试开了半天车，决定留下他。他觉得自己开车的风格比较适合总监——他一拿到钥匙，马上把车擦得干干净净，把车里收拾得井井有条，开起车来也非常稳。

公司提供了一辆宝马让他开。第一天，总监坐在副驾驶上系上保险带，神情专注地看着外面。第二天，仍然是这样。两天后，总监坐到了后排，带上了文件，在车上开始办公。“总监知道，我开车，他放心，完全可以把他的安全交给我。”他开始学一些最基本的英文，比如go home，比如wait here，总监也开始讲些最基本的中文，比如8点，比如吃饭。两个人开始了长达10年的默契共事。他的车永远干干净净，在道上永远不抢道，不随意变道，因为有一次他变道后总监做了一个摇头的动作。还有一次，总监通过助理提醒他不要跟在集卡车后面开。“我知道他把安全放在第一位，我再也不会开飞车去赶飞机。”

“开了10年的车，你出过事吗？”我问。

“有一次，一辆自行车突然从旁边窜出来，还好我刹车及时，只是擦碰了一下，人没有事。为了保证开车的安全，我不熬夜，不搓麻将，休息好，保证精力充沛。那次要不是我反应快，肯定会出大事故。”

“你现在为什么不为总监开车？”我继续问。

“他升迁了，回美国总部了。然后我继续为新来的总监开车，也是一个外国人。开了一个星期，人力资源部的人告诉我，说新总监觉得我不懂英文，沟通起来困难，要换人。我只能离开公司，上个月离开的。”

“10 年间为什么不学英文呢？”

“没有必要啊！我和以前的总监沟通得很好，包括总监让我采购东西，并在规定的时间送到指定的地方，这么复杂的事情我们也能比画得清楚，我从来没有出过错。”这倒很厉害，我心想。

“那你有跟公司说，作为 10 年的老员工，不能随便开掉你吗？”

“我觉得原先的总监看重我的开车技术和责任心，所以会耐下性子和我沟通，现在的总监看重沟通，我英语不行，那就离开了。再说了，让新总监尽早和新司机磨合，也方便他在上海的工作。”

“那你开了 10 年的宝马再回来开出租车，感觉会不一样吗？”我问。

“当然不一样。宝马开起来多好啊！别的不说，座位就比这部车舒服多了。”司机显然有很多感触。

“会觉得失落吗？”

“这倒没有。我现在还要把儿子供出来，等他上完大学我就不用这么辛苦了。”我注意到副驾驶上放了一块雪白的毛巾，便问他干什么用。“这是擦车子的抹布啊！习惯了。虽然单位三天给车子消毒一次，我自己还是会再擦一遍车。”

一直到下车，这位司机开得非常平稳，没有急刹车，没有突然变道，没有随意按喇叭……我确实可以在车里看书。能把一辆出租车开出宝马的感觉，这位司机让我肃然起敬。当工作发生巨大变化时，他在短时间内调整了心态，没有怨天尤人，没有痛恨公司，还替公司着想，平静地接受了生活中的变化，很快开始了新生活。

在这位出租车司机看来，重要的不是开什么车，而是用什么态度和方式去开。每个人的生活何尝不是如此，关键不是你处在生活的哪一层，而在于以什么态度、何种方式生活。

德商分析

虽然他 10 年间没去学英语，最终遗憾地离开了宝马车，但在这 10 年间他为了保证开车的安全，从不熬夜，不搓麻将，休息好，保证精力充沛。这要多强的自制力啊！

德商借鉴

征服自己的一切弱点，正是一个人伟大的开始。

德商代表：**许衡**
关键词：**自律**
德商指数：**90**

许衡不食梨

文/阿曼

宋朝末年，兵荒马乱，社会秩序很不安定，常常有强盗土匪来抢劫与掠夺。一天下午，许衡和七八个小伙伴在外面玩耍，忽听有人大声喊："西山那面的土匪来了！"他和小伙伴拔腿就逃。这时正值盛夏，骄阳如火，跑了五六里路，大家累得满头大汗。还好，土匪没有追来。伙伴们个个口干舌燥，渴得要命。突然一个叫徐亮的小伙伴惊喜地大叫起来："梨，大家快看！"小伙伴们一跃而起，向梨树飞奔而去。只见一座破落的院子里，长有两棵梨树，树上挂满了黄澄澄的梨，院子里一片狼籍，门窗敞开，看样子是遭了抢劫，主人早已没了踪影。

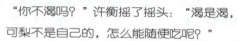

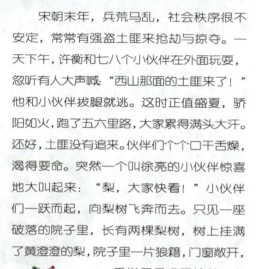

徐亮爬上梨树，一手摘个大的往嘴里塞，一手摘梨子往下扔，小伙伴们嘻嘻哈哈，争着捡梨吃梨，开心极了。

"咦，怎么许衡独自坐在那里没吃梨？"徐亮感到奇怪，问许衡："你不渴吗？"许衡摇了摇头："渴是渴，可梨不是自己的，怎么能随便吃呢？"

"唉，你可真傻，如今兵荒马乱，梨树的主人早就不知去向，为什么不吃呢？"徐亮从袋里取出两只梨："给，快吃吧！别这么傻了。"许衡推开递过来的梨说："梨虽然暂时无主，可我们心里却不能无主啊！做人要诚实至上，这梨总不能算是自己的，吃了它，和偷盗有什么两样呢？所以，我再渴，也决不吃这无主的梨。"

就是这个当年被小伙伴称为傻小子的许衡后来成了一位杰出的学者与政治家，一直受到后人的尊敬。

德商分析

面对饥渴之诱惑，许衡因心中有"主"而无动于衷。许衡心目中的"主"无疑就是自律、自重、自爱，有了这种"主"，便会洁身自好，才能牢牢把握住自己。

德商借鉴

对于我们每个人来说，有时候，最大的敌人就是自己。在生活中我们时时、处处、事事几乎都有战胜自己的任务。

德商代表：**阿隆索**
关键词：**自律勤勉**
德商指数：**88**

不给自己任何借口

文/詹伟明

她是个不幸的孩子，19岁那年，正当她步入人生花季和芭蕾舞台生涯巅峰之际，却意外地发现自己双眼模糊，怎么努力也看不清楚东西，后被诊断为视网膜脱落。

经过家人的劝说，她接受了手术，可结果是她仍然无法恢复正常视力。医生建议她卧床一年，叮嘱不能练习抬腿绷脚尖，不能扭头，需要控制脸部表情，不能大笑，才能达到调养效果。

她心急如焚，因为跳芭蕾舞的人都知道：芭蕾一天不练自己知道，两天不练同行知晓，三天不练观众明白，她无法想象一年不练的可怕后果。

她苦苦哀求，丈夫无奈辞去工作，陪伴在她身边，每天，她让丈夫的手指替代脚尖，在自己胳膊上表演古典芭蕾剧目。虽然不曾舞蹈，但内心那份感觉却又真实地存在。

一年以后，她忍受眼疾，重新登上舞台，很快，她找到了久违的自己。她手持纱巾，翩翩起舞，尽情地出演了《吉赛尔》《天鹅湖》《胡桃夹子》《海盗》《卡门》等经典芭蕾舞剧。凭着精湛的舞技，她获得了鲜花和掌声，受到人们的好评。

表演事业蒸蒸日上，她的视力却一天天衰弱，后来，仅有一只眼睛有模糊视力，丈夫劝说她放弃芭蕾舞，可倔强的她又选择了双人舞，因为在双人舞舞段中，规则是由男演员来引导女演员。在舞台上，她的舞伴都是精确定位，如果是远距离接抛，他们之间的距离则会固定脚步数，通过反复的练习，加之舞台上的特殊彩灯，引导着她婀娜多姿的舞步，台下的观众根本不会觉察到舞台上的她视力有问题。

功夫不负有心人，她用自己的这份激情燃烧了半个世纪，她呕心沥血打造出的古巴国家芭蕾舞团成为了世界十大顶尖芭蕾舞团之一，她就是赫赫有名的阿隆索。2010年7月9日，这位古典芭蕾舞演员摘取了西班牙巴勃罗艺术大奖。

当媒体曝光她“双目失明”事实时，她再度成了人们心目中的奇人，记者好奇地追问：“谁也不会相信双目失明，还能取得如此佳绩？”高雅庄重的她淡淡一笑：“不给自己任何借口，将‘借口’踩在脚下，翩翩起舞，我看到的只有希望和憧憬……”

德商分析

“不给自己任何借口”，阿隆索秉持这种信念，斩断后路，不断超越，终收获属于她自己的成功。

不患己之不能，而患己之不勉。**德商借鉴**

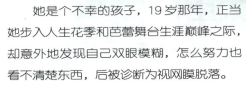

德商代表：**清洁工小伙子、野田圣子**
关键词：**严于律己**
德商指数：**88**

洗马桶洗出的国务大臣

文/林少华

有一天我起床较早，散步经过一条马路时，惊奇地发现一名清洁工正用扫帚把垃圾扫进路面一侧下水道的网眼里。我禁不住劝道："别往那里面扫好吗？堵塞了怎么办啊？"清洁工是个小伙子，看了我一眼，没作声，继续往前扫，扫得飞快。扫到公交车站的时候，他照样促使垃圾从水泥盖板的网眼泄漏下去。我有些动气："你怎么还那么扫！"这回他看也没看我一眼，更没作声，径自拖着扫帚扬长而去。

回家正好看到一份日本寄来的报纸，有一篇文章说到清洁工，是个真实的故事。故事的主角是利用暑假到东京帝国饭店打工的女大学生，负责刷洗这家五星级酒店卫生间的马桶。把手伸进马桶刷洗的第一天她差点儿吐在马桶里。正当她想辞工的时候，惊奇地发现一位老清洁工在洗完马桶后居然从中舀了一杯水喝了下去，并且自豪地说经她洗过的马桶是干净得可以从里面舀水喝的！女大学生受到很大震撼和启发，打消了辞工念头。暑假临结束时经理前来查验清洁效果，她当着众人面从自己清洗过的马桶里舀了一杯水毫不犹豫地喝了下去。在场所有人都为之震惊，经理当即断定这位打工的女大学生绝对是企业需要的人。毕业后，她进入这家酒店工作，成为酒店晋升最快的员工。37 岁后她步入政坛，很快成为日本内阁邮政大臣。她的名字叫野田圣子。

我仔细注视文章上角的照片：蛮漂亮的女性，领口别一枚国会议员徽章。说得不文雅些，这是一位洗马桶洗出来的国务大臣。

旅居日本几年，感触最深和最为佩服的就是日本人的敬业。不说别的，公共汽车的窗玻璃都一尘不染，出租车就更不用说了。一次我问出租车司机：“怎么这么干净啊？”司机回答：“即使为了我自己也要弄得干干净净。”有一次去神户大学一位老同学那里，他对此也深有同感。老同学告诉我，他住的留学生宿舍楼有一位清洁工老太太，每天上午都或蹲着或跪着把六层楼所有楼梯都一级一级用抹布擦拭一遍。其实楼梯并不脏，根本用不着天天那么擦。有一天老同学劝她别擦了，“何必天天擦呢”？无独有偶，老太太也像司机那样答道：“即使为了我自己也要天天擦呀！这是一种修行，和打坐是一回事。”

“即使为了我自己……”一语道破天机。就是说，日本人的敬业乃是由于心灵的自觉、心灵的召唤和需求，也是对自身行为的一种自律。相比之下，我们这边之所以有不少人不那么敬业，从根本上说很可能就是因为缺乏心灵的自觉和内需。当然也有其他种种原因，很难明确断定。但有一点可以断定：那样清洗马桶可以清洗出一个内阁国务大臣，而这样扫马路绝对不可能扫出一个国务委员或国家部长！

德商分析

如果是你，你能严格要求自己，把工作做到最好吗？人们的一言一行都要对自己有所约束自制，严格要求自己，才能把事情做得更完美。

德商借鉴

严格要求自己的人，会有各种幸运，懒散对待自己的人，则只有一种不幸。

德商代表：**玛格丽特**
关键词：**强大的自制力**
德商指数：**87**

玛格丽特的微笑窗台

文/张幸欣

当我走进加拿大艾伯塔省卡尔加里市一个小院时，女主人玛格丽特蹲在花园里，正在伺候那些花儿。正是春天，满园异国的花儿争奇斗艳，很是动人。听见我的招呼声，她抬起头来，看向我，展现出了丝毫不逊于这春色的暖暖的笑。她妆容精致，穿着合体，尽管是在劳作，也非常整洁，随时都可以穿着这身衣服去逛街、约会。我心里漾起一股暖意。这位女主人是幸福而满足的，必然也很好相处。我为自己感到高兴。

我是玛格丽特为女儿请的家庭教师。在玛格丽特搬来这座小院的短短的二十多天里，我已经是第七位了。如果不是因为我刚来异国他乡，特别需要工作和钱，我绝不会来到这里。因为据职介中心的人说，玛格丽特的女儿辛迪是个非常难缠的小孩。

玛格丽特张了张嘴，似乎想喊什么，又停住了，笑了笑，带我去看我的房间。房间在二楼，很朴素，一张单人床，一张连着书柜的写字台，一个衣柜，都很寻常。让人眼前一亮的是窗台上一盆火红的不知名的花儿，随着风儿轻轻摇曳。

女主人和房间都让我非常满意，此时，我已不太在乎辛迪有多难缠了，我相信我能搞定。

之后，我见到了14岁的辛迪，外表并不像我想象中刁钻古怪，反而乖巧可爱。她向我笑着说：“欢迎龙老师。”笑容和她母亲一模一样，我的幸福感瞬间提升了。她把怀中抱着的一个相框翻转过来对着我：“喏，这是我弟弟，你也一起教他吧。”我有些愕然，这个没人向我提起过。玛格丽特一直保持着微笑，解释说：“弟弟去了地球另一面，暂时不会回来，所以龙老师只需要负责辛迪。”我好奇地看着辛迪，心想，也许她并不像外表这么可爱。

第一天正式上班，玛格丽特在我来了之后就出门了。辛迪让我和她一起到花园里玩耍。她带着“弟弟”，拉着我的手下楼。她对我说了很奇怪的话：“我不会赶你走了，我知道妈妈一定不会放弃。她是最有力量的。”

我和辛迪的相处很愉快，我们一起做游戏，当然也带着她“弟弟”。晚上玛格丽特回来了，她买了很多好吃的，放餐具时，一共是四份，还是带着“弟弟”。

可是，一直都没有男主人出现，辛迪也没提过爸爸。

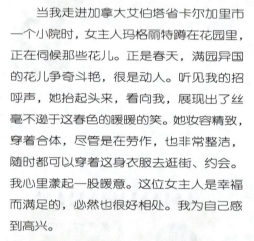

玛格丽特每天早晨6点出门，晚上9点才回家。回来时和出门前没什么变化，依然妆容精致，面带微笑，高贵优雅。她

对我的态度，犹如第一天那么友好。而教辛迪读书，基本不费劲儿。我有时间就打理花园，做饭，收拾屋子。我发现，即使空着的房间，每个房间的窗台上也都有那么一盆大红花，迎风招展，暖意融融。玛格丽特很少休息，休息的日子，她要么摆弄花园里的花，要么就和辛迪一起听我讲课，神情安详恬静。

有一天我实在忍不住，问辛迪以前是如何一个月气走六名家庭教师的。辛迪看了看我："因为我和妈妈彼此爱得很深。我不愿意妈妈为我花这笔钱，而我之所以不气走你，是因为，我知道了妈妈不会放弃。"我愕然："你们缺钱吗？""我们卖掉别墅后所得的钱，遣散佣人花了好大一笔，买下这栋房子后应该所剩无几，妈妈不说但我知道。虽然妈妈总是有办法，但我希望她轻松些。"

"你一定很好奇我爸爸的去向，你来之前一个多月他趁我和妈妈出游，卷走了我们家所有的钱和一个妓女私奔了，而弟弟在追他的路上遇到车祸上了天堂。我们维持不了原来的生活，才来到这里。妈妈曾经继承了很多遗产……"

我忽然明白，很多时候玛格丽特的欲言又止，是习惯性地想喊佣人。是的，几个月前，她还是豪华别墅区的阔太太，家里有各种各样专业的佣人，膝下有两个聪明活泼的孩子。可是，厄运忽然降临了，她的生活中，除了辛迪一切都改变了。按常理，此时的她应该觉得全世界都亏欠了她，摆着中年怨妇的脸，为难每一个年轻的女孩，觉得她们都是夺走她丈夫的元凶，同时像祥林嫂般四处说她的遭遇。

然而她没有。辛迪说有一次见过妈妈偷偷哭泣，可面对她时又笑容满面。她怕妈妈憋坏，故意不乖，好让妈妈发泄，但是妈妈还是跟以前一样和她交谈。她一直担心妈妈会撑坏。她对我说："可是，你都来了两个月了，玛格丽特会撑不住吗？"辛迪的眼里满是神圣的崇拜，她摆弄着窗台的红花。

我不知道什么时候脸上都是泪水，而辛迪居然是微笑的平静的。我相信，玛格丽特已经把最好的品质遗传给了辛迪，那是内心的坚强。

德商分析 曾经的阔太太，遭受厄运后，没摆出苦大仇深的模样，反而妆容精致，恬静而安详地活着，她的自制力使她活得坚强而精彩。

德商借鉴 当一切都背叛你时，只有内心坚强的自制力可以拯救你。

德商代表：**闫明强**
关键词：**自律、自强**
德商指数：**88**

跑出我的未来

文/姜仲华

他出生在一个贫寒的家庭里，面朝黄土背朝天的父母，无法为他提供优越的学习和生活条件。但是他非常懂事，从步入校门的那天起，从来没有跟父母主动要过一分钱。几年之后，成绩优异的他，考上了市里的一所高中，因为学校离家里较远，他只能选择住校。

那天，他带着对父母的思念花9块钱买了一张车票，第一次坐上了返乡的客车。回到家，村里的电工正在收电费，他凑过去瞟了一眼，只见收据上的数字栏里写着一个小小的"5"。他赶紧从口袋里掏出5块钱，边递给对方，边嗔怪父母的节省。一个月就5块钱的电费，爸妈平时肯定连电视都舍不得看啊。就在这时，电工又递回给他几张零钱。他接过来一数，4元5角钱。顿时，他明白了。原来，父母每月的电费只有5毛钱！他半张着嘴，呆呆地站在那里，一句话都说不出来。他在心里暗暗地算了一笔账，自己坐车花掉的9块钱，足足可以支付家里18个月的电费！他一个劲地在心里责骂自己，真是个不懂事的败家子！他暗暗发誓，父母的血汗钱只允许挥霍这一次！

回到学校后，他更加节省了。然而，屋漏偏逢连阴雨，母亲因为劳累过度导致腰椎压迫神经，只能整日躺在床上。一边是卧病在床令他惦念的母亲，一边是来回18块钱的车费，他站在中间，孤立无援，左右为难。终于，他想到了一个两全其美的办法——跑步回家！

学校离家60多里路，他需要跑3个多小时才能到达。每次回家，他都不敢急于进家门，而是躲在村口的大树下，做几十次深呼吸，以免让父母看出是跑回家来的。对于这样的生活，他一直保持乐观态度，甚至还跟同学们分享了自己的心得：慢跑，但不能停，更不能坐下休息，要坚持一口气跑完全程。另外，要少喝水。他的自强，影响着身边同学和朋友。大家不再在物质享受上攀比，而是比学习、比节俭、比上进。曾经有段时间，班里一位家庭条件较好的学生干部，动员自己的父母资助他，打算每月给他200块生活费。要强的他对这种资助虽然感激，却总觉得受之有愧，害怕负了太多的人情债，无法偿还。最后，他坚决不再接受这种捐助。在他的坚持下，那位好心的同学只好放弃了资助。

看到贫寒和瘦弱的父母，他也萌生过辍学的念头。然而，打工期间看到的一幕，让他彻底打消了这个念头。那天收工，已经晚上 10 点了。他托着疲惫的身子回到工棚，发现好几个人的床头上都放着书，而他们不论回去多晚都要看上几眼，甚至还有两个人在坚持自学考试。在一次闲聊中，一位工友告诉他："没有知识，永远无法改变命运。光靠打工，挣的永远是辛苦钱。"从此，他坚定了继续完成学业的决心。他勉励自己，不管有多少困难，都要坚强地走下去，不，跑下去。

对，要想冲破眼前的艰难困苦，自己就一定要'跑'起来！晚自习后，当舍友进入了甜美的梦乡，他在知识的海洋里奔跑；周末，当同学们沉浸在归家的甜蜜中，他在嘈杂的餐馆里奔跑；节假日，当朋友们游历于风光秀美的景区，他在满是灰土的工地上奔跑……

他叫闫明强，河南禹州西部山区的一个农家孩子。从家到学校，再从学校到家，两年下来，他一同跑了 4000 多里路。这就是一个农村高中生创造的奇迹。

我们有足够的理由相信，闫明强的成功，绝对不会迟到，因为他怀揣着一颗自立、自强、自律的心，在艰难的求学和人生路上执著进取，一路奔跑！

德商分析

18 块钱、60 多里、3 个多小时、4000 多里，不凡的数字体现的是一颗自立、自强、自律的心。我们相信，他的坚持会换来成功，中国现代化建设需要这样有节制力的优秀人。

坚强而自律的人，终会获得成功。

德商借鉴

德商代表：**孟乔波、柏拉图**
关键词：**坚持、自制**
德商指数：**89**

成功贵在坚持不懈

文/一 式

“骐骥一跃，不能十步；驽马十驾，功在不舍。”同样，成功的秘诀不在于一蹴而就，而在于你是否能够持之以恒。

曾有这样一个故事。

1987 年，她 14 岁，在湖南益阳的一个小镇卖茶，1 毛钱一杯。因为她的茶杯比别人大一号，所以卖得最快。那时，她总是快乐地忙碌着。

1990 年，她 17 岁，她把卖茶的摊点搬到了益阳市，并且改卖当地特有的“擂茶”。“擂茶”制作比较麻烦，但也卖得起价钱。那时，她的小生意总是忙忙碌碌。

1993 年，她 20 岁，仍在卖茶，不过卖的地点又变了，在省城长沙，摊点也变成了小店面。客人进门后，必能品尝到热乎乎的香茶，在尽情享用后，他们或多或少会掏钱再拎上一两袋茶叶。

1997 年，她 24 岁，长达十年的光阴，她始终在茶叶与茶水间滚打。这时，她已经拥有 37 家茶庄，遍布于长沙、西安、深圳、上海等地。福建安溪、浙江杭州的茶商们一提起她的名字，莫不竖起大拇指。

2003年，她30岁，她的最大梦想实现了。“在本来习惯于喝咖啡的国度里，也有洋溢着茶叶清香的茶庄出现，那就是我开的……”说这句话时她已经把茶庄开到了香港和新加坡。

还有一个故事。

新生开学，“今天只学一件最容易的事情，每人把胳膊尽量往前甩，然后再尽量往后甩，每天做300下。”老师说。

一个月以后有90%的人坚持。

又过一个月仅剩80%。

一年以后，老师问：“每天还坚持300下的请举手！”整个教室里，只有一个人举手，他后来成为了世界上伟大的哲学家。

这是两个真实的故事，让我们记住他们的名字吧！孟乔波和柏拉图，一个卖茶的商人和一个伟大的哲学家

从这两个故事中可以发现：成功没有秘诀，贵在不断自制自己，严格要求自己，才能坚持不懈。任何伟大的事业，成于坚持不懈，毁于半途而废。其实，世间最容易的事是坚持，最难的，也是坚持。说它容易，是因为只要愿意，人人都能做到；说它难，是因为能真正坚持下来的，终究只是少数人。巴斯德有句名言：“告诉你使我达到目标的奥秘吧，我唯一的力量就是我的坚持精神。”

从事期货行业以来，亦曾有过放弃的念头，但总被他们的执著和坚持感动。曾在《我的期货梦想》中写道：“我喜欢期货的神奇和魔力，经过无数绿肥红瘦的日子，前方的路充满荆棘和考验，坚持不懈才会有梦想和希望。”如今的我，也在努力并坚持着，不过是想一条路走到底而已。

人的一生又何尝不是如此？从“昨夜西风凋碧树，独上高楼，望尽天涯路”，到“衣带渐宽终不悔，为伊消得人憔悴”，再到“众里寻她千百度，蓦然回首，那人却在灯火阑珊处”，都应该坚持自制，坚持生命的困惑、领悟和真谛。只有如此，在你到暮年的时候，细细回想起来，才会觉得没有虚度曾经美好的年华，才会觉得自己的整个生命都充满价值。

德商分析

任何伟大的事业，成于坚持不懈，毁于半途而废。其实，世间最容易的事是坚持，最难的，也是坚持。能真正坚持下来的，必须有超于常人的自制力。

德商借鉴

成功没有秘诀，贵在坚持不懈。

德商代表：**杨昌友、刘晓康、张立勇、张君成、李海磊**
关键词：**自律自制**
德商指数：**89**

那群读大学的保安们

文/冯　翔

他们在清华、北大学英语，读大学，考文凭，实践着“知识改变命运”的名言。

“我本来没什么口才，只是个农民”

20岁的杨昌友是清华大学图书馆的保安，他读英语的地方是图书馆监控室。每天从晚上10点半到早晨7点，他和同事兼室友刘晓康交替接班，一个人读书学习，另一个人就盯着32块小屏幕监控器。

为了读书，他们宁愿天天值夜班，杨昌友和刘晓康盘算着：再熬两年，考个文凭，将来就能回老家托人安排个工作或是考个公务员。

事实上，读书的保安早已不止在清华、北大，还有其他大学。读书的阶层也不只是保安，还有餐厅厨师、服务员、宿舍管理员、后勤修水工……他们之中，名气最大的就是被清华学生称为“馒头神”的张立勇。2001年，这个高中都没毕业的清华十五食堂厨师因在满分670分的英语托福考试中获得了630分而名噪一时。

十多年前，张立勇去清华北侧的生活区上班，每天清晨与上课的大学生擦肩而过。“我们年龄相仿，为什么他们能上学。我就只能捡煤球、蒸馒头？”张立勇如今回忆起来，内心还有几分酸楚。直到学了英语，他才没觉得那么自卑，因为他们能学会的，他也能学会。

曾任职于北京奥委会、国庆60周年庆典组委会的张立勇，总是微低着头，态度很谦逊。“我本来没什么口才，都是这些年参加公共活动练出来的。”他说，“我只是个农民。”

“保安读大学”第一人张君成

“保安读大学”第一人是一个叫张君成的山西人。

1995年6月初，张君成从山西长治老家来北京文安公司做保安，被分到北大的“景观门”——西门站岗。一天，七个老外要进北大，但拿不出证件。张君成不敢放行。事实上，他也不敢肯定对方是否懂得自己的意思，初中毕业的他只会说“Yes”和“No”。

双方自说自话，当然沟通失败。老外们转身离开，走了十几步后齐刷刷地回头，向张君成竖起大拇指。张君成还在“又惊又喜”，七根大拇指一下倒转了180度向着地面。他傻掉了。

当晚，张君成给家里打电话，打算辞

职，被母亲骂了一顿。想了几天，他买来一本《英语三百句》，在岗位上开始读。

北大西门是两人交替值班，一人站在门口，称为站岗；一人坐在门卫室里，称为坐岗。张君成选择的是在这段坐岗时间学习。

后来，一位英语系的教授发现了这个能用简单英语单词跟外国留学生对话的保安，帮他拿到一张英语强化班的听课证。1998年，他拿下了北大法律成人高考的专科文凭。之后返回长治老家发展的他，成为一所民办中专的常务副校长，他同时又修完一个自考本科文凭，还兼职在长治学院讲授公关礼仪课程。

谈及过往，他最大的遗憾是：那七个老外，后来再也没出现过，没有机会礼貌地对他们说一声“Your credentials, Please”（请出示你的证件）。

餐厅服务员的“绿色梦想”

1986年出生于河北大名县的李海磊，2006年来到清华当餐厅服务员。他原本的目标是当一个清华校园里的楼长（宿舍管理员）——不仅有3000元左右的月收入，而且能提供较为充裕的读书时间。

李海磊是个不安分的人。2008年。他通过多方博弈，创建了“绿色梦想”，给自己和一干想读书的同仁们找了个免费补课的机会。后来，他发现：报考楼长已经要求本科学历，而自己拿到文凭要到2015年。“我要是再等到2015年，没准儿就得要求研究生学历了。”

借组织、经营“绿色梦想”的机会，李海磊跟清华的大学生们走得越来越近，光百年校庆时就一起拍了几个月电影。都是同龄人，沟通起来很容易。2010年末，他去一个89届清华人办的公司任职，不久前又跳到一家做远程教育的IT公司做副总，月薪过万。

高校里的人才资源太多了，有的是机会，这比死读书有用得多。李海磊说：“假如按部就班地读书、考文凭，我现在肯定还是一个餐厅服务员。”目前他的公司正在招人，学历要求最低是本科毕业。唯一的例外是：“如果我当年的同事，那些服务员、保安现在来找我，我肯定会给他们机会。”

文凭与命运之间，没有必然的联系。

德商分析

一边繁重地工作，一边认真学习，为了梦想，他们都有很强的自制力，使自己不断学习，不断进步，最后都走向了成功。

德商借鉴

登峰造极的成就源于自律。

德商代表：**母亲、爷爷、父亲、卖蔬菜的老太太**
关键词：**用自制抵御诱惑**
德商指数：**84**

吟唱苦难

文/莫　言

有一段时间，村子里连续自杀了几个女人，我莫名其妙地感到一种巨大的恐惧。那时候，我们家正是最艰难的时刻，父亲被人诬陷，家里存粮无多，母亲旧病复发无钱医治。我总是担心，怕母亲走上自寻短见的绝路。每当我下工归来时，一进门就要大声喊叫，只有听到母亲的回答时，心中才感到一块石头落了地。

有一次下工回来已是傍晚，母亲没有回答我的呼喊，我急忙跑到牛栏、磨房、厕所里去寻找，都没有母亲的踪影。我感到最可怕的事情发生了，不由得大声哭起来。这时，母亲从外边走进来。母亲对我的哭泣非常不满，她认为一个男人不应该随便哭泣。她追问我为什么哭，我含糊其词，不敢对她说出我的担忧。母亲却理解了我的意思，她对我说："孩子，放心吧，阎王爷不叫，我是不会去的。"

母亲的话虽然腔调不高，但使我陡然获得一种安全感和对未来的希望。

多少年后，当我回忆起母亲这句话时，心中更是充满了感动，这是一个母亲对她忧心忡忡的儿子做出的庄严承诺。尽管母亲已经被阎王爷叫去了，但母亲这句话里所包含着的面对苦难挣扎着活下去的勇气，将永远伴随着我，激励着我。

我曾经从电视上，看到过一个让我终生难忘的画面：以色列重炮轰击贝鲁特后，滚滚的硝烟尚未散去，一个面容憔悴、身上沾满泥土的老太太，从屋子里搬出一个小箱子，箱子里盛着几根碧绿的黄瓜和几根碧绿的芹菜。她站在路边叫卖蔬菜，当记者把摄像机对准她时，她高高地举起拳头，嗓音嘶哑但异常坚定地说："我们世世代代生活在这块土地上，即使吃这里的沙土，我们也能活下去。"

老太太的话让我感到震动，女人、母亲、土地、生命，这些伟大的概念在我脑海中翻腾着，使我感到一种不可消灭的精神力量，这种即使吃着沙土也要活下去的信念，正是人类历尽劫难而生生不息的根本保证。

在那些饥饿的岁月里，我看到了许多因为饥饿而丧失了人格尊严的情景，譬如为了得到一块豆饼，一群孩子围着村里的粮食保管员学狗叫。保管员说，谁学得最像，豆饼就赏赐给谁。我也是那些学狗叫的孩子中的一个。大家都学得很像，保管员便把那块豆饼远远地掷出去。孩子们蜂拥而上，抢夺那块豆饼。

这情景被我父亲看在眼里，回家后，父亲严厉地批评我，爷爷也严厉地批评我。爷爷对我说："嘴巴就是一个过道。无论是山珍海味，还是草根树皮，吃到肚子里都是一样的，何必为了一块豆饼而学狗叫呢？人应该有骨气。"他们的话，当时并不能说服我，因为我知道山珍海味和草根树皮吃到肚子里并不一样。但我也感到他们的话里有一种尊严，这是人的尊严，也是人的风度。人要有自制力，不能像狗一样活着。

我的母亲教育我，人要忍受苦难，不屈不挠地活下去；我的父亲和爷爷又教育我，人要有尊严地活着。

许多年后，当我拿起笔来写作的时候，这些体验，就成了我的宝贵资源，饥饿的岁月使我体验和洞察了人性的复杂和单纯：在揭示社会黑暗和剖析人性残忍时，我没有忘记人性中也有高贵的、有尊严的一面，因为我的父母、祖父母和许多像他们一样的人，为我树立了光辉的榜样。

德商分析

我们推崇好死不如赖活着，于是有的人为了活着，什么都不顾；有的人活着，却把"富贵不能淫，贫贱不能移，威武不能屈"当做座右铭。活着很可贵，有节制有尊严地活着更可贵。

德商借鉴

物欲像魔鬼一样，诱惑我们失去理智走向歧途，只有用自律的利剑，才能斩断世俗的烦恼和魔障。

德商代表：**他们**
关键词：**自律自制**
德商指数：**92**

非常努力，才能毫不费力

文/Suny

有一群人，他们积极自律，每天按计划行事，有条不紊，他们不张扬，把自己当成最卑微的小草，等待着人生开出花朵的那天。他们早晨 5 点多起来健身，你在睡觉；7 点开始享受丰盛的早餐，蛋白质维生素淀粉粗纤维样样俱全，为新的一天开了一个好头；当他们收拾妥当准备开始一整天的工作时，你还在睡觉。

他们用上午的高效时间完成了一个又一个任务，甚至发现了新的商机，发现了有可能给人生带来改观的机遇。当午餐时间临近，他们伸了伸腰，准备稍作休息，此时你终于起床。

他们的午餐不铺张浪费，却营养全面。他们有选择地进食，因为他们清楚地知道自己想要的是什么，而你也在起床之后感觉到了饿意，你草草洗了脸，甚至连牙都没刷，就打开冰箱，拿出了昨晚跟朋友 High 过之后带回来的薯条与可乐。

午睡之后，他们重新积极地投入工作，

而你也终于吃饱喝足，坐在了电脑前。是的，你的一天开始了。

晚上回到家里，他们也打开了电脑。也许是为了完成白天没来得及做完的工作，也许是因为前两天刚报了一个网络课堂。此时你还沉浸在网游中，你发的帖子还不够有人气，你发现关注的小明星又更新微博了。电视剧里男女“猪脚”还没有最后在一起，作恶多端的女二号还没有得到应有的报应。

终于，22 点到了，他们停下了工作，或许去满满的书架上拿下了一本书，或许拿起了自己心爱的乐器打算练练手，或许已经上床睡觉。当然，睡之前他们会想一想，自己在这一天都做了什么，有什么收获，又有什么教训。最后，他们又重新提醒了一下自己那个埋在内心深处的梦想，然后满意地睡去了。此时的你还在等待升级，还在顶帖子，还在刷微博，还在为了男一号女一号哭哭啼啼，你的一天才刚刚开始精彩。

后半夜，你隐约感到了困意，你依依不舍地关掉了电脑，身上已经很臭，你却懒得去洗一个澡。你走向了乱糟糟的床，钻进了很多天没叠过的被窝。

你隐约知道自己的身边有那么一群“他们”，可是你却没有办法实实在在地感受到他们的存在。

直到有一天，你和“他们”终于浪漫地相见了——

他是老总，你是普通的打工仔；

他是主任，你是弱爆了的小职员；

他游历各国，念着你想念的大学，拍着你想拍的照片，过着你想过的生活；

他和她是各种恣意的小清新，而你，是的，我知道你恨小清新，可是这又有什么关系？

事实已经如此，你就是那个电脑荧光照射下的颓废。

德商分析

早晨 5 点，他们在健身，你在睡觉；7 点，他们早餐后开始准备工作，你在睡觉；上午，他们在工作，你在睡觉；中午，他们午餐，你终于起床了……晚上，他们继续未完的工作，你在看电视或者打游戏……几年后，他们是精英，你却颓废。一切的一切都源于他们能有目标有计划有节制地工作生活。而你呢，只是在盲目地虚度光阴。

德商借鉴

在今天和明天之间，有一段很长的时期。趁你还有精神的时候，学习迅速地、有计划地、自律地学习和工作吧！

德商代表：**排队丢垃圾的瑞典人**
关键词：**自律、为集体着想**
德商指数：**85**

瑞典人排队丢垃圾

文／徐铁人

在欧洲旅行，你会发现一个有趣的现象：即使是“有用”的垃圾，诸如旧杂志、空瓶子之类的东西，要想丢掉是需要付费的，而在大型超市丢弃这些垃圾的话则是免费的，有的超市甚至还会为这种“有用”的垃圾支付一点报酬。瑞典的许多大型超市里都设有一种特殊的装置，一旦顾客把“有用”的垃圾丢进去的话，机器就会吐出一张代金券。凭代金券，你可以在超市里换取一定金额的商品。

人们知道，欧洲的发达国家早已实行了严格的垃圾分类制度，甚至哪天丢什么垃圾都有相应的“课程表”。也有一些城市会在垃圾站设置许多垃圾箱，居民需要事先在家里把垃圾分好类，然后拿到垃圾站一样一样地放进不同的箱子里。

瑞典海港城市哥德堡是一座新老混搭的城市。新城区有许多颇为新潮的建筑，而老城区的大量建筑则具有数百年的历史。但是老街区并不“倚老卖老”，而是尽量做到“与时俱进”，有的街道也成了深受游客和当地居民喜爱的休闲步行区，各家商店的装饰和所卖商品，乃至商品橱窗的布置，无不散发出强烈的美感。哥德堡市中心的典型街区是这样的：街道并不太宽，路两侧的民居建筑大多建造于上个世纪。我所居住的旅社就在一座居民楼的二层。坐在窗前，恰好能俯视街景，而窗下却是一处垃圾站。让我感到庆幸的是，这里没有任何难闻的味道。

这个垃圾站总共有八个巨大的垃圾箱以及一个小垃圾桶。那天黄昏时分，正下着小雨，人们还是抓紧下班之后的时间开车过来丢弃自家的生活垃圾。有趣的是，某些时刻前来丢垃圾的私家车竟然还要排

队。我“有幸”目睹了一位老妇人丢垃圾的全过程——冗长而复杂。在第一个垃圾箱里丢完垃圾之后，她又来到了第二个垃圾箱旁，然后又颇有耐心地走到第三个、第四个……乃至第八个垃圾箱边，期间还要时不时回到车里去取其他需要丢弃的垃圾。

八个垃圾箱里放的是八种不同类别的垃圾，大垃圾箱旁边的小垃圾桶，是专门丢弃废旧电池用的。由于这位老妇人带来的垃圾种类过多，以至于她丢垃圾的过程前后竟达几分钟。这位老妇人的车堵住了垃圾站的入口，其他丢垃圾的汽车不得不排在她的车后面等候。

许多欧洲人处理垃圾的时候，还有一个特殊的工序，那就是洗垃圾。譬如酸奶盒、罐头筒之类的东西，主人在丢弃他们之前，往往会用水清洗干净，因为家里的垃圾或许要存放好几天，人们不希望丢掉的垃圾发霉变臭进而污染环境。

和其他北欧国家一样，瑞典的天空总是湛蓝湛蓝的，除了工业结构等客观原因以外，这也与人们对环境格外的爱护紧密相关。

德商分析

丢垃圾付费、排队丢垃圾、分门别类丢垃圾、洗垃圾……许多国人都只听过甚或没听过的在欧洲大行其道，源于什么，源于他们对环境格外爱护的自律性。

德商借鉴

任何一种不为集体利益打算的行为，都是自杀的行为。许多欧洲人深明这一点，所以即使在一些小事上，他们都严格要求着。

德商测试

DESHANG CESHI

测试 自律指数

自律就是你可以克制自己的情绪而让自己行动的能力。自律是我们在平时的工作、学习和生活中不可缺少的。很多事实都能说明这个道理，比如买票要排队，走在马路上要遵守交通规则，甚至我们平时的一举一动都受到一定的要求和约束。你学会自律了吗？你在平时的生活中能够严于律己吗？下面我们一起来做个小测试，看看你的“自律指数”有多高吧？

下面是20道测试题，符合你的情况就回答“是”，反之则回答“否”。一起来看一下吧！

1. 当你因为娱乐耽误了计划好的重要工作，你会不会后悔？

2. 当被人要求做一件事情，并且你知道这件事情有很大的难度时，你是否会认为这是一项有趣的挑战？

3. 如果某项工作应当在当月5日完成，但你知道即使6日完成也没有人批评你，你会在5日完成吗？

4. 你经常仔细地计划你的资金吗？

5. 你通常能准时缴付各种账单吗？

6. 你是否善于记录、存放各种资料？

7. 如果你需要用某一证件，你能否自己在一两分钟内找到它？

8. 如果你需要赶一项任务，你能否一连数天都每天工作12小时以上？

9. 你是否经常主动做一些分外工作？

10. 你能长时间自动自发地工作吗？

11. 你是否在没有人要求的情况下，为自己设定工作目标及完成的截止日期？

12. 你是否经常计划如何使用你的时间？

13. 你今天是否做了时间支配计划？

14. 如果某件事你不乐意做，但有上司要求你做，你会拒绝吗？

15. 你总是能专注地工作，而不会受外界干扰吗？

16. 如果某项工作很重要，即使没有人强迫你，你也会自发地做好它吗？

17. 有一项重要的工作需要加班，而这天晚上恰好又有你非常喜爱的球赛，你会选择加班吗？

18. 碰上棘手的难题时，你总是首先想办法自己解决吗？

19. 你需要一些资料却无法得到，你会立即找人提供帮助吗？

20. 你不存在多次决心做某件事却最终因为主观原因没有做成的情形，对吗？

测试结果

回答“是”得1分，回答“否”得0分。

得分15~20分者，自律能力强；

得分10~14分者，自律能力一般；

得分5~9分者，自律能力较差；

得分在5分以下者，自律能力就太差了。